CHINA NATIONAL HEALTH INSPECTION
中国卫生监督

卫生计生监督员培训教材

公共场所卫生监督分册

国家卫生计生委卫生和计划生育监督中心　组织编写

主　　编　胡　光　高小蔷

副 主 编　朱　红　申屠杭　冯智田

执行主编　吴建军　张鸿斌

编　　委（以姓氏笔画为序）

王金敖　申屠杭　冯智田　刘　凡

刘洪亮　沈菲菲　赵月朝　姚孝元

莫伟文　高旭东　谢　杨

编　　务　刘　昊　朱颖辉　黄　静

人民卫生出版社

图书在版编目（CIP）数据

卫生计生监督员培训教材. 公共场所卫生监督分册 /
国家卫生计生委卫生和计划生育监督中心组织编写.
—北京：人民卫生出版社，2018
ISBN 978-7-117-27133-2

Ⅰ.①卫…　Ⅱ.①国…　Ⅲ.①卫生工作 - 执法监
督 - 中国 - 岗位培训 - 教材 ②公共卫生 - 卫生管理 - 执
法监督 - 中国 - 岗位培训 - 教材　Ⅳ.①D922.16

中国版本图书馆 CIP 数据核字（2018）第 225373 号

人卫智网	www.ipmph.com	医学教育、学术、考试、健康，购书智慧智能综合服务平台
人卫官网	www.pmph.com	人卫官方资讯发布平台

卫生计生监督员培训教材
公共场所卫生监督分册

组织编写：国家卫生计生委卫生和计划生育监督中心
出版发行：人民卫生出版社（中继线 010-59780011）
地　　址：北京市朝阳区潘家园南里 19 号
邮　　编：100021
E - mail：pmph @ pmph.com
购书热线：010-59787592　010-59787584　010-65264830
印　　刷：三河市博文印刷有限公司
经　　销：新华书店
开　　本：710 × 1000　1/16　印张：12
字　　数：222 千字
版　　次：2018 年 12 月第 1 版　2019 年 12 月第 1 版第 2 次印刷
标准书号：ISBN 978-7-117-27133-2
定　　价：38.00 元

打击盗版举报电话：**010-59787491**　**E-mail：WQ @ pmph.com**
（凡属印装质量问题请与本社市场营销中心联系退换）

前　言

　　卫生计生执法监督是深入推进依法行政、有效推动法治政府建设、推进治理能力现代化,维护人民健康的重要保障。党的十九大提出实施健康中国战略,为人民群众提供全方位全周期的健康服务。为更好的服务健康中国战略,培养监督员的专业能力和专业精神,增强基层执法监督队伍适应新时代中国特色社会主义的发展要求,规范卫生计生执法行为,推进综合监督执法,国家卫生计生委卫生和计划生育监督中心为基层执法监督人员组织编写了卫生计生监督培训系列教材。

　　《卫生计生监督员培训教材——公共场所卫生监督分册》是基层卫生监督员培训系列教材之一。教材以公共场所卫生监督网络课程讲义为基础,经多年培训实践修订而成。全书共九章,涵盖公共场所卫生执法监督的基本概念、公共场所卫生执法监督要点、各类公共场所执法监督管理、公共场所卫生执法监督检测要点、公共场所健康危害事故处置、公共场所行政处罚案由及执法要点、公共场所常用消毒技术及应用、公共场所集中空调通风系统卫生监督管理和电子监管在公共场所卫生执法监督的应用等。

　　教材内容在编排上既突出了公共场所卫生监督相关的法律、法规、标准,也考虑到公共场所卫生监督的实际工作情况;既注重新标准的引入,也强调理论与实践的结合。在各论中,每个章节都引用了最新的现行法律法规文件及公共场所卫生标准,突出其实用性和时效性。

　　本教材在编写过程中,得到了国家卫生计生委综合监督局、中国疾病预防控制中心环境所、浙江省卫生监督所和公共场所卫生监督培训教研组的大力支持,在此表示诚挚感谢!

编　者

2018 年 8 月

目　录

第一章

公共场所卫生执法监督概论

第一节　公共场所基本概念

公共场所是人类生活环境的组成部分之一，是公众从事社会活动的各种场所。公众是指不同年龄、性别、职业、民族、国籍、不同健康状况、不同人际关系的个体组成的人群。公共场所是在自然环境或人工环境的基础上，根据公众生活和社会活动的需要，由人工建成的具有多种服务功能的封闭式和开放式的公共设施，供公众进行学习、工作、旅游、娱乐、购物、美容等活动的临时性生活环境。

法定公共场所是指 1987 年 4 月 1 日国务院发布的《公共场所卫生管理条例》（以下简称《条例》）中规定的各类公共场所，包括七类 28 种：①住宿与休闲场所（8 种）：宾馆、饭馆、旅店、招待所、车马店、咖啡馆、酒吧、茶座；②洗浴与美容美发场所（3 种）：公共浴室、理发店、美容店；③文化娱乐场所（5 种）：影剧院、录像厅（室）、游艺厅（室）、舞厅、音乐厅；④健身休闲场所（3 种）：体育场（馆）、游泳场（馆）、公园；⑤文化交流场所（4 种）：展览馆、博物馆、美术馆、图书馆；⑥购物场所（2 种）：商场（店）、书店；⑦就诊与交通场所（3 种）：候诊室、候车（机、船）室、公共交通工具。

根据 2012 年 9 月 23 日《国务院关于第六批取消和调整行政审批项目的决定》第 58 项，已经取消体育场（馆）、公园、公共交通工具三种公共场所的卫生行政许可。根据 2016 年 2 月 3 日《国务院关于整合调整餐饮服务场所的公共场所卫生许可证和食品经营许可证的决定》（国发〔2016〕12 号）、《食品药品监管总局国家卫生计生委关于整合调整餐饮服务场所的公共场所卫生许可证和食品经营许可证有关事项的通知》（食药监食监二〔2016〕29 号）文件要求，停止对饭馆、咖啡馆、酒吧、茶座 4 种场所卫生许可证的核发。《公共场所卫生管理条例实施细则》（卫生部令第 80 号，以下简称《细则》）第二十二条第三款的规定，公共场所卫生监督的具体范围由省、自治区、直辖市人民政府卫生计生行政部门公布。

第二节　公共场所卫生学特点

一、人群密集　流动性大

公共场所是短时间内人员高度集中的环境，在一定空间内同时接纳众多人员，易致空气污浊。进入公共场所的男女老幼，体质强弱差异较大，处在不同生理状态下的人员互相接触，人员流动和交替较快，容易传播疾病。

二、设备和物品容易污染

绝大多数公共场所都有很多公共用品用具供多人使用。这些公共用品用具反复为多人所使用和触摸，像拖鞋、理发用具、毛巾等，容易造成交叉污染，危害人群身体健康。

三、公共场所容易传播疾病

公共场所人员众多、接触密切，健康与非健康个体混杂，容易造成传染病的传播。首先容易传播呼吸道疾病，人口密度越大，接触机会越多，越容易传播。像影剧院、俱乐部等处是呼吸道传染病最容易传播的场所。其次，容易传播肠道传染病，如果公用餐具、茶具、毛巾、脸盆和卧具不清洗消毒，多人反复交叉接触，容易被肠道致病菌污染，传播肠道传染病。另外也容易传播某些接触性疾病，如癣、皮肤病、性病等。

四、公共场所建筑布局不合理

随着城市的不断发展和人口的增多，公共建筑、公共场所建设增多，满足了居民群众日常活动的需要。但是，有一些公共场所是在旧城市基础上见缝插针建立起来的，选址与布局不尽合理，设计也不完全符合卫生要求，这给卫生执法监督和管理带来很大的挑战。

五、影响人体健康的因素多

不同类型的公共场所其卫生设施、卫生条件相差较大，服务项目各不相同极其庞杂，因此，危害人体健康的因素很多，来源也极为广泛。这些有害因素（如病原微生物、有害化学物质、噪声等），可通过多种途径与方式作用于人体，对人体的健康产生危害。

第三节　公共场所相关的卫生法律法规

为了创造一个良好的公共卫生条件,我国制定了一系列公共场所卫生法律法规,主要包括:

一、法律

《中华人民共和国传染病防治法》。1989 年制定的《中华人民共和国传染病防治法》,经 2004 年 8 月修订并于 2004 年 12 月 1 日起实施(2013 年 6 月 29 日第十二届全国人民代表大会常务委员会第三次会议通过对《中华人民共和国传染病防治法》作出修改)。该法所调整法律关系的客体内容具有广泛性、多样性的特点,在整个公共卫生法律法规体系中占有重要地位,对于提高我国传染病防治的整体水平,促进公共卫生体系建设,保障广大人民群众的身体健康以及经济、社会的协调发展发挥着积极的作用。《中华人民共和国传染病防治法》部分条款对公共场所传染病防控做了相应的规定。如第一条:为了预防控制和消除传染病的发生和流行,保障人民健康和公共卫生,制定本法;第五十三条第一款第六项:对公共场所和有关单位的卫生条件和传染病预防、控制措施进行监督检查。

二、法规

《公共场所卫生管理条例》《突发公共卫生事件应急条例》《艾滋病防治条例》。1987 年 4 月 1 日,国务院颁布实施《公共场所卫生管理条例》,它对公共场所适用范围、卫生许可、卫生执法监督职责、经营单位责任、违法行为及罚则作了明确规定。《公共场所卫生管理条例》是公共场所卫生执法监督最重要和主要的法律依据,它的发布实施标志着我国公共场所卫生监管步入法制化管理轨道。此外,《突发公共卫生事件应急条例》《艾滋病防治条例》等法规也是公共场所卫生执法监督的重要依据。2016 年 2 月 6 日《国务院关于修改部分行政法规的决定》将《公共场所卫生管理条例》第八条修改为:"除公园、体育场(馆)、公共交通工具外的公共场所,经营单位应当及时向卫生计生行政部门申请办理'卫生许可证'。'卫生许可证'两年复核一次。"(《国家卫生计生委关于修改〈新食品原料安全性审查管理办法〉等 7 件部门规章的决定》已取消复核)

三、部门规章

《公共场所卫生管理条例实施细则》。根据《公共场所卫生管理条例》,

1987 年 9 月 15 日卫生部发布了《公共场所卫生管理条例实施细则》。随着我国经济社会的发展和人民生活水平的提高,不断地对公共场所卫生监管提出新的要求,因此,原卫生部先后于 1991 年、2011 年对《细则》进行了修订。现行的《细则》为 2011 年 5 月 1 日施行的版本。此外,《生活饮用水卫生监督管理办法》等部门规章也是公共场所卫生执法监督的重要依据。

四、相关卫生标准与规范

(一)主要卫生标准

1.《旅店业卫生标准》GB 9663—1996(实施日期:1996-09-01)

2.《文化娱乐场所卫生标准》GB 9664—1996(实施日期:1996-09-01)

3.《公共浴室卫生标准》GB 9665—1996(实施日期:1996-09-01)

4.《理发店、美容店卫生标准》GB 9666—1996(实施日期:1996-09-01)

5.《游泳场所卫生标准》GB 9667—1996(实施日期:1996-09-01)

6.《体育馆卫生标准》GB 9668—1996(实施日期:1996-09-01)

7.《图书馆、博物馆、美术馆、展览馆卫生标准》GB 9669—1996(实施日期:1996-09-01)

8.《商场、书店卫生标准》GB 9670—1996(实施日期:1996-09-01)

9.《医院候诊室卫生标准》GB 9671—1996(实施日期:1996-09-01)

10.《公共交通等候室卫生标准》GB 9672—1996(实施日期:1996-09-01)

11.《公共交通工具卫生标准》GB 9673—1996(实施日期:1996-09-01)

12.《饭馆(餐厅)卫生标准》GB 16153—1996(实施日期:1996-09-01)

13.《人防工程平时使用环境卫生标准》GB/T 17216—1998(实施日期:1998-10-01)

14.《公共场所卫生监测技术规范》GB/T 17220—1998(实施日期:1998-10-01,已部分被 GB/T 18204-2013,2014 所代替)

15.《公共场所卫生检验方法》GB/T 18204.1.3.4.5.6—2013、GB/T 18204.2—2014(实施日期:2014-12-01)

16.《室内空气质量标准》GB/T 18883—2002(实施日期:2003-03-01)

17.《食(饮)具消毒卫生标准》GB 14934—1994(实施日期:1994-08-01)

18.《生活饮用水卫生标准》GB 5749—2006(实施日期:2007-07-01)

19.《二次供水设施卫生规范》GB 17051—1997(实施日期:1998-12-01)

20.《海水水质标准》GB 3097—1997(实施日期:1998-07-01)

21.《公共场所集中空调通风系统卫生规范》WS 394—2012(实施日期:2013-04-01)

22.《公共场所集中空调通风系统卫生学评价规范》WS/T 395—2012(实

施日期：2013-04-01）

23.《公共场所集中空调通风系统清洗消毒规范》WS/T 396—2012（实施日期：2013-04-01）

（二）主要卫生规范

1.《游泳场所卫生规范》（实施日期：2007-06-21）

2.《住宿业卫生规范》（实施日期：2007-06-25）

3.《美容美发场所卫生规范》（实施日期：2007-06-25）

4.《沐浴场所卫生规范》（实施日期：2007-06-25）

第四节 《细则》（2011）主要内容及修订

《细则》于2011年2月14日经原卫生部部务会议审议通过，自2011年5月1日起施行，共分总则、卫生管理、卫生监督、法律责任、附则共5章43条。《细则》是在总结以往公共场所卫生监管情况、认真听取和采纳地方及公众意见的基础上制定的，体现了预防为主、科学管理、明确责任的监管原则，强化了公共场所经营者的责任，完善了卫生监管要求，加大了对违法行为的处罚力度，为全面加强公共场所卫生监管提供法律保障。《细则》还新增了公共场所集中空调通风系统卫生管理要求，公共场所禁止吸烟的规定等，完善了公共场所卫生监督管理要求。对建立完善公共场所卫生管理相关制度和公共场所的卫生设施设备、室内空气、饮用水、采光照明、噪声、装饰装修等提出更加规范的要求，促进公共场所经营者不断提高卫生管理意识和水平。2016年1月19日根据《国家卫生计生委关于修改〈外国医师来华短期行医暂行管理办法〉等8件部门规章的决定》（中华人民共和国国家卫生和计划生育委员会令第8号）对《公共场所卫生管理条例实施细则》（2011）进行了修订。

一、修订的主要内容

（一）调整执法主体

根据2001年国务院印发的《关于城镇医药卫生体制改革的指导意见》和2000年国务院批准的原卫生部《关于卫生监督体制改革的意见》（卫办发[2000]第16号），将《实施细则》执法主体由"卫生防疫站"统一改为"卫生行政部门"，与当前卫生监督体制改革要求相一致。在修订过程中，交通运输部提出：鉴于交通运输部门没有卫生监督机构和职责，建议删除交通运输部门的卫生监督职能。因此，《细则》中，除国境口岸外，只规定铁路部门所属的卫生主管部门，负责对铁路部门管辖范围内的公共场所发放卫生许可证，实施卫生监督。2016年1月19日公布的《国家卫生计生委关于修改〈外国医师来华短期行医暂行管理办法〉等8件部门规章的决定》(中华人民共和国国家卫生和计划生育委员会令第8号),将该实施细则中的"卫生部"统一修改为:"国家卫生计生委",将"卫生行政部门"统一修改为:"卫生计生行政部门"。

(二)强化公共场所自身卫生管理要求

公共场所经营者是保证公共场所卫生安全第一责任人,经营者应当在确保安全、卫生的前提下,从事经营活动,以保障消费者的身心健康,这是经营者应当承担的社会责任,也只有这样才能从根本上保障公共场所卫生安全。为此,《细则》修订过程中进一步强化了公共场所经营者的责任,明确规定经营者应当遵守相关法律、法规和卫生标准、技术规范的要求,保证提供良好的卫生环境。从建立完善公共场所卫生管理相关制度到公共场所的卫生设施设备、室内空气、饮用水、采光照明、噪声、装饰装修等,根据监管工作的实践,提出更加规范的要求,引导公共场所经营者不断提高卫生管理意识和水平。

(三)新增公共场所集中空调通风系统卫生管理要求

随着集中空调通风系统长期、广泛的使用,卫生问题越来越突出。2006年2月,原卫生部发布《公共场所集中空调通风系统卫生管理办法》(关于发布《公共场所集中空调通风系统卫生规范》等3项卫生行业标准的通告(卫通〔2012〕16号)颁布后已废止),逐步开展集中空调通风系统卫生执法监督管理工作。《细则》明确规定,公共场所采用集中空调通风系统的,应当符合公共场所集中空调通风系统相关卫生规范和规定的要求。同时,也将其作为公共场所卫生许可审查和监管的重要内容之一。

(四)新增公共场所禁止吸烟规定

为履行我国参加的世界卫生组织《烟草控制框架公约》的承诺,《细则》中增加了公共场所禁烟的条款,具体规定与《烟草控制框架公约》精神相一致,即:室内公共场所禁止吸烟。公共场所经营者应当设置醒目的禁止吸烟警语和标志。室外公共场所设置的吸烟区不得位于行人必经的通道上。公共场所不得设置自动售烟机。公共场所经营者应当开展吸烟危害健康的宣传,对吸烟者进行劝阻。考虑到控烟的长期性和复杂性,建议逐步推进、分步实施为宜。现阶段主要以宣传、教育、劝阻为主,形成良好的社会氛围后,再将其纳入监管和实施行政处罚的范围更具操作性。

(五)完善公共场所卫生执法监督管理要求

为进一步规范公共场所卫生监管,提高执法监督管理效能,《细则》重点对许可条件及监管职责进行了明确。

1. 根据《行政许可法》的要求,进一步明确公共场所行政许可的受理材料、时限以及变更、延续等内容及要求,规范程序,严格准入,依法行政。

2. 建立公共场所卫生监督量化分级管理制度,此项制度目前已在公共场所全面推行,进展比较顺利。量化分级制度就是要进一步规范管理要求,控制关键环节,将卫生监督与单位的诚信度相结合,分开档次管理,在有限的人力、物力基础上提升卫生执法监督效能。对问题多的要多执法监督、常督促,采取更有针对性的措施帮助其提高。卫生监督量化分级制度要向社会公示卫生信誉度等级。一方面保障了消费者的知情权,能够发挥消费者参与监督的作用。另一方面也体现了卫生执法监督的阳光执法,有利于树立公正、公开、透明的执法形象。《细则》中,明确规定,对公共场所要实施量化分级管理制度。

3. 强化地方卫生监管职责,从而充分发挥地方对本行政区域卫生执法监督管理的作用考虑,根据实际情况,明确规定省级卫生行政部门的职责有:①公共场所卫生监督的范围由省、自治区、直辖市卫生行政部门确定;②预防性卫生审查程序和具体要求由省、自治区、直辖市人民政府卫生行政部门制定;③公共场所卫生技术服务机构的专业技术能力由省、自治区、直辖市卫生行政部门组织考核(《国家卫生计生委关于修改〈新食品原料安全性审查管理办法〉等7件部门规章的决定》已取消考核)。这样规定,有利于落实地方监管职责。

(六)细化法律责任　加大处罚力度

为切实保障人民群众身体健康,应加大对公共场所经营者违法行为的处罚力度。依据《条例》,结合《细则》修订的相关内容,在与《条例》规定的处罚种类一致的前提下,对公共场所经营者的违法行为进行了梳理、归纳,并给予相应的处罚。在设定罚款额度时,充分听取了各地,特别是中西部地区的意见,充分考虑了各地经济发展水平的差异,将罚款的最低额度定为五百元,可操作。同时,依照《行政处罚法》的规定,将《细则》处罚上限调整至三万元。通过细化法律责任、调整罚款额度,加大了对违法行为的处罚力度。

二、相关条款的规定

(一)制定依据
《公共场所卫生管理条例》。

(二)主体责任
公共场所经营者在经营活动中,应当遵守有关卫生法律、行政法规和部门规章以及相关的卫生标准、规范,开展公共场所卫生知识宣传,预防传染病和保障公众健康,为顾客提供良好的卫生环境。

(三)监管职责分工
国家卫生计生委主管全国公共场所卫生监督管理工作。县级以上地方各级人民政府卫生计生行政部门负责本行政区域的公共场所卫生监督管理工

7

作。出入境检验检疫机构按照有关法律法规的规定负责国境口岸及出入境交通工具的卫生监督管理工作。铁路部门所属的卫生主管部门负责对管辖范围内的车站、等候室、铁路客车以及主要为本系统职工服务的公共场所的卫生监督管理工作。

（四）卫生计生行政部门公共场所卫生监督主要职责

县级以上地方各级人民政府卫生计生行政部门应当根据公共场所卫生监督管理需要，建立健全公共场所卫生监督队伍和公共场所卫生监测体系，制订公共场所卫生监督计划并组织实施。

（五）省级卫生计生行政部门公共场所卫生执法监督主要职责

1. 负责公布公共场所卫生执法监督的范围。

2. 负责制定公共场所预防性卫生审查程序和具体要求。

3. 负责对开展公共场所卫生检验、检测、评价等业务的技术服务机构的专业技术能力组织考核（已取消）。

（六）执法主体

统一修改为"卫生计生行政部门"。根据原卫生部《关于卫生监督体系建设的若干规定》，卫生计生执法监督机构承担具体执法监督任务。

（七）卫生计生行政部门及执法监督机构公共场所卫生执法监督主要职责

1. 对辖区内的公共场所进行卫生许可、执法监督抽检和技术指导。

2. 对辖区内新建、改建、扩建公共场所进行预防性卫生监督。

3. 监督检查辖区内公共场所经营单位对从业人员进行定期健康检查情况，指导协助经营单位对从业人员进行卫生知识培训。

4. 对违反《条例》和《细则》等有关规定的单位和个人，提出处罚意见。

5. 对公共场所进行现场执法监督检查，索取有关资料，同时履行为其保密的责任。

6. 参与公共场所危害健康事故进行处置。

7. 对公共场所实施卫生监督量化分级管理，并根据量化评价结果确定卫生信誉度等级和日常执法监督频次。

8. 对下级卫生计生执法监督机构的工作进行检查、执法监督和指导。

9. 执行上级卫生计生行政部门交付的其他任务。

（八）公共场所经营活动中的要求和规定（摘要）

1. 管理责任

第七条　公共场所的法定代表人或者负责人是其经营场所卫生安全的第一责任人。公共场所经营者应当设立卫生管理部门或者配备专（兼）职卫生管理人员，具体负责本公共场所的卫生工作，建立健全卫生管理制度和卫生管理档案。

2. 档案要求

第八条　公共场所卫生管理档案应当主要包括下列内容：

（一）卫生管理部门、人员设置情况及卫生管理制度。

（二）空气、微小气候（湿度、温度、风速）、水质、采光、照明、噪声的检测情况。

（三）顾客用品用具的清洗、消毒、更换及检测情况。

（四）卫生设施的使用、维护、检查情况。

（五）集中空调通风系统的清洗、消毒情况。

（六）安排从业人员健康检查情况和培训考核情况。

（七）公共卫生用品进货索证管理情况。

（八）公共场所危害健康事故应急预案或者方案。

（九）省、自治区、直辖市卫生计生行政部门要求记录的其他情况。

公共场所卫生管理档案应当有专人管理，分类记录，至少保存两年。

3. 培训要求

第九条　公共场所经营者应当建立卫生培训制度，组织从业人员学习相关卫生法律法规知识和公共场所卫生知识，并进行考核。对考核不合格的，不得安排上岗。

4. 健康要求

第十条　公共场所经营者应当组织从业人员每年进行健康检查，从业人员在取得有效健康合格证明后方可上岗。患有痢疾、伤寒、甲型病毒性肝炎、戊型病毒性肝炎等消化道传染病的人员，以及患有活动性肺结核、化脓性或者渗出性皮肤病等疾病的人员，治愈前不得从事直接为顾客服务的工作。

5. 空气要求

第十一条　公共场所经营者应当保持公共场所空气流通，室内空气质量应当符合国家卫生标准和要求。公共场所采用集中空调通风系统的，应当符合公共场所集中空调通风系统相关卫生规范和规定的要求。

6. 水质要求

第十二条　公共场所经营者提供给顾客使用的生活饮用水应当符合国家生活饮用水卫生标准要求。游泳场（馆）和公共浴室水质应当符合国家卫生标准和要求。

7. 采光、噪声要求

第十三条　公共场所的采光照明、噪声应当符合国家卫生标准和要求。公共场所应当尽量采用自然光。自然采光不足的，公共场所经营者应当配置与其经营场所规模相适应的照明设施。公共场所经营者应当采取措施降低噪声。

8. 用品用具要求

第十四条 公共场所经营者提供给顾客使用的用品用具应当保证卫生安全,可以反复使用的用品用具应当一客一换,按照有关卫生标准和要求清洗、消毒、保洁。禁止重复使用一次性用品用具。

9. 设备设施要求

第十五条 公共场所经营者应当根据经营规模、项目设置清洗、消毒、保洁、盥洗等设施设备和公共卫生间。公共场所经营者应当建立卫生设施设备维护制度,定期检查卫生设施设备,确保其正常运行,不得擅自拆除、改造或者挪作他用。公共场所设置的卫生间,应当有单独通风排气设施,保持清洁无异味。

10. 病媒防治要求

第十六条 公共场所经营者应当配备安全、有效的预防控制蚊、蝇、蟑螂、鼠和其他病媒生物的设施设备及废弃物存放专用设施设备,并保证相关设施设备的正常使用,及时清运废弃物。

11. 选址、设计、装修要求

第十七条 公共场所的选址、设计、装修应当符合国家相关标准和规范的要求。公共场所室内装饰装修期间不得营业。进行局部装饰装修的,经营者应当采取有效措施,保证营业的非装饰装修区域室内空气质量合格。

12. 禁烟要求

第十八条 室内公共场所禁止吸烟。公共场所经营者应当设置醒目的禁止吸烟警语和标志。室外公共场所设置的吸烟区不得位于行人必经的通道上。公共场所不得设置自动售烟机。公共场所经营者应当开展吸烟危害健康的宣传,并配备专(兼)职人员对吸烟者进行劝阻。

13. 检测要求

第十九条 公共场所经营者应当按照卫生标准、规范的要求对公共场所的空气、微小气候、水质、采光、照明、噪声、顾客用品用具等进行卫生检测,检测每年不得少于一次;检测结果不符合卫生标准、规范要求的应当及时整改。公共场所经营者不具备检测能力的,可以委托检测。公共场所经营者应当在醒目位置如实公示检测结果。

14. 应急预案要求

第二十条 公共场所经营者应当制定公共场所危害健康事故应急预案或者方案,定期检查公共场所各项卫生制度、措施的落实情况,及时消除危害公众健康的隐患。

15. 事故报告要求

第二十一条 公共场所发生危害健康事故的,经营者应当立即处置,防止危害扩大,并及时向县级人民政府卫生计生行政部门报告。任何单位或者个人对危害健康事故不得隐瞒、缓报、谎报或者授意他人隐瞒、缓报、谎报。

(九)卫生执法监督的要求(摘要)

1. 许可证制度

第二十二条　国家对除公园、体育场馆、公共交通工具外的公共场所实行卫生许可证管理。公共场所经营者取得工商行政管理部门颁发的营业执照后,还应当按照规定向县级以上地方人民政府卫生计生行政部门申请卫生许可证,方可营业。公共场所卫生执法监督的具体范围由省、自治区、直辖市人民政府卫生计生行政部门公布。

2. 许可证条件

第二十三条　公共场所经营者申请卫生许可证的,应当提交下列资料:

(一)卫生许可证申请表。

(二)法定代表人或者负责人身份证明。

(三)公共场所地址方位示意图、平面图和卫生设施平面布局图。

(四)公共场所卫生检测或者评价报告。

(五)公共场所卫生管理制度。

(六)省、自治区、直辖市卫生计生行政部门要求提供的其他材料。

使用集中空调通风系统的,还应当提供集中空调通风系统卫生检测或者评价报告。

3. 卫生许可审查程序

第二十四条　县级以上地方人民政府卫生计生行政部门应当自受理公共场所卫生许可申请之日起 20 日内,对申报资料进行审查,对现场进行审核,符合规定条件的,作出准予公共场所卫生许可的决定;对不符合规定条件的,作出不予行政许可的决定并书面说明理由。

4. 许可证有效期

第二十五条　公共场所卫生许可证应当载明编号、单位名称、法定代表人或者负责人、经营项目、经营场所地址、发证机关、发证时间、有效期限。公共场所卫生许可证有效期限为四年,每两年复核一次(《国家卫生计生委关于修改〈新食品原料安全性审查管理办法〉等 7 件部门规章的决定》已取消复核)。公共场所卫生许可证应当在经营场所醒目位置公示。

5. 预防性卫生审查要求

第二十六条　公共场所进行新建、改建、扩建的,应当符合有关卫生标准和要求,经营者应当按照有关规定办理预防性卫生审查手续。预防性卫生审查程序和具体要求由省、自治区、直辖市人民政府卫生计生行政部门制定。

6. 许可变更延续要求

第二十七条　公共场所经营者变更单位名称、法定代表人或者负责人的，应当向原发证卫生计生行政部门办理变更手续。公共场所经营者变更经营项目、经营场所地址的，应当向县级以上地方人民政府卫生计生行政部门重新申请卫生许可证。公共场所经营者需要延续卫生许可证的，应当在卫生许可证有效期届满30日前，向原发证卫生计生行政部门提出申请。

7. 卫生监测要求

第二十八条　县级以上人民政府卫生计生行政部门应当组织对公共场所的健康危害因素进行监测、分析，为制定法律法规、卫生标准和实施监督管理提供科学依据。县级以上疾病预防控制机构应当承担卫生计生行政部门下达的公共场所健康危害因素监测任务。

8. 量化分级管理

第二十九条　县级以上地方人民政府卫生计生行政部门应当对公共场所卫生监督实施量化分级管理，促进公共场所自身卫生管理，增强卫生监督信息透明度。

9. 量化评价公示

第三十条　县级以上地方人民政府卫生计生行政部门应当根据卫生监督量化评价的结果确定公共场所的卫生信誉度等级和日常监督频次。公共场所卫生信誉度等级应当在公共场所醒目位置公示。

10. 卫生计生行政部门执法监督检查职责

第三十一条　县级以上地方人民政府卫生计生行政部门对公共场所进行监督检查，应当依据有关卫生标准和要求，采取现场卫生监测、采样、查阅和复制文件、询问等方法，有关单位和个人不得拒绝或者隐瞒。

11. 卫生执法监督抽检

第三十二条　县级以上人民政府卫生计生行政部门应当加强公共场所卫生监督抽检，并将抽检结果向社会公布。

12. 危害健康事故控制

第三十三条　县级以上地方人民政府卫生计生行政部门对发生危害健康事故的公共场所，可以依法采取封闭场所、封存相关物品等临时控制措施。经检验，属于被污染的场所、物品，应当进行消毒或者销毁；对未被污染的场所、物品或者经消毒后可以使用的物品，应当解除控制措施。

13. 技术服务机构要求

第三十四条　开展公共场所卫生检验、检测、评价等业务的技术服务机构，应当具有相应专业技术能力，按照有关卫生标准、规范的要求开展工作，不得出具虚假检验、检测、评价等报告。技术服务机构的专业技术能力由省、自治区、直辖市人民政府卫生计生行政部门组织考核(已取消考核)。

(十)罚则(摘要)

1.违反卫生许可证管理的处罚

第三十五条　对未依法取得公共场所卫生许可证擅自营业的,由县级以上地方人民政府卫生计生行政部门责令限期改正,给予警告,并处以五百元以上五千元以下罚款;有下列情形之一的,处以五千元以上三万元以下罚款:擅自营业曾受过卫生计生行政部门处罚的;擅自营业时间在三个月以上的;以涂改、转让、倒卖、伪造的卫生许可证擅自营业的。对涂改、转让、倒卖有效卫生许可证的,由原发证的卫生计生行政部门予以注销。

2.违反卫生管理要求

第三十六条　公共场所经营者有下列情形之一的,由县级以上地方人民政府卫生计生行政部门责令限期改正,给予警告,并可处以二千元以下罚款;逾期不改正,造成公共场所卫生质量不符合卫生标准和要求的,处以二千元以上二万元以下罚款;情节严重的,可以依法责令停业整顿,直至吊销卫生许可证:未按照规定对公共场所的空气、微小气候、水质、采光、照明、噪声、顾客用品用具等进行卫生检测的;未按照规定对顾客用品用具进行清洗、消毒、保洁,或者重复使用一次性用品用具的。

第三十七条　公共场所经营者有下列情形之一的,由县级以上地方人民政府卫生计生行政部门责令限期改正;逾期不改的,给予警告,并处以一千元以上一万元以下罚款;对拒绝监督的,处以一万元以上三万元以下罚款;情节严重的,可以依法责令停业整顿,直至吊销卫生许可证;(略)

3.违反健康管理要求

第三十八条　公共场所经营者安排未获得有效健康合格证明的从业人员从事直接为顾客服务工作的,由县级以上地方人民政府卫生计生行政部门责令限期改正,给予警告,并处以五百元以上五千元以下罚款;逾期不改正的,处以五千元以上一万五千元以下罚款。

4.违反危害健康事故管理要求

第三十九条　公共场所经营者对发生的危害健康事故未立即采取处置措施,导致危害扩大,或者隐瞒、缓报、谎报的,由县级以上地方人民政府卫生计生行政部门处以五千元以上三万元以下罚款;情节严重的,可以依法责令停业整顿,直至吊销卫生许可证。构成犯罪的,依法追究刑事责任。

5.违反其他卫生法律法规规定

第四十条　公共场所经营者违反其他卫生法律、行政法规规定,应当给予行政处罚的,按照有关卫生法律、行政法规规定进行处罚。

6. 监管人员责任追究

第四十一条　县级以上人民政府卫生计生行政部门及其工作人员玩忽职守、滥用职权、收取贿赂的，由有关部门对单位负责人、直接负责的主管人员和其他责任人员依法给予行政处分。构成犯罪的，依法追究刑事责任。

第二章

公共场所卫生执法监督要点

第一节　公共场所卫生执法监督的概念及主要内容

一、公共场所卫生执法监督的概念

公共场所卫生执法监督是各级卫生计生行政部门依法对辖区内公共场所执行《公共场所卫生管理条例》《公共场所卫生管理条例实施细则》以及有关国家卫生法律法规标准情况进行督促和检查，并对违反相关法律法规的单位和个人追究法律责任的行政执法活动。

二、公共场所卫生执法监督主要内容

1. 开展公共场所以及新建、改建、扩建的公共场所的选址和设计卫生审查和竣工验收。
2. 开展公共场所卫生许可、卫生执法监督管理、卫生抽检等工作。
3. 对违反公共场所相关卫生法律法规的公共场所经营者依法进行处理。
4. 开展公共场所相关卫生法律法规和知识宣传、培训和指导。
5. 对公共场所危害健康事故进行调查处理。
6. 开展公共场所重大活动卫生执法监督。
7. 开展公共场所卫生执法监督信息的收集、核实和上报。
8. 承担卫生计生行政部门或上级卫生计生执法监督机构交办的其他公共场所卫生执法监督事项。

第二节　公共场所卫生许可

卫生行政许可发放属于依申请进行的卫生行政行为。《公共场所卫生管理条例》第八条规定：除公园、体育场（馆）、公共交通工具外的公共场所，经营

单位应当及时向卫生行政部门申请办理"卫生许可证"。根据2012年9月23日《国务院关于第六批取消和调整行政审批项目的决定》第58项已经取消体育场(馆)、公园、公共交通工具3种公共场所的卫生行政许可。根据2016年2月3日《国务院关于整合调整餐饮服务场所的公共场所卫生许可证和食品经营许可证的决定》(国发〔2016〕12号)、《食品药品监管总局国家卫生计生委关于整合调整餐饮服务场所的公共场所卫生许可证和食品经营许可证有关事项的通知》(食药监食监二〔2016〕29号)文件要求,停止对饭馆、咖啡馆、酒吧、茶座4种场所卫生许可证的核发。目前凡符合国家《公共场所卫生管理条例》第二条规定的7大类21种公共场所均是卫生许可证的发放对象。《细则》规定,公共场所卫生监督的具体范围由省、自治区、直辖市人民政府卫生计生行政部门公布。

一、公共场所卫生许可需要提交的资料

申请人申请卫生许可证的,根据《细则》第二十三条规定应当提交下列资料:

1. 卫生许可证申请表。

2. 法定代表人或者负责人身份证明。

3. 公共场所地址方位示意图、平面图和卫生设施平面布局图。

4. 公共场所卫生检测或者评价报告。

5. 公共场所卫生管理制度。

6. 使用集中空调通风系统的,应当提供集中空调通风系统卫生检测或评价报告。

7. 省、自治区、直辖市卫生计生行政部门要求提供的其他材料。

申请人应当如实提交有关材料,并对材料的真实性负责,否则将承担相应的法律后果。

二、公共场所卫生许可证发放程序

根据《行政许可法》规定,卫生行政许可的程序包括:申请、受理、审查、决定四个阶段。

(一)申请

1. 公民、法人或其他组织从事公共场所经营活动,依法需要取得行政许可的,应向卫生计生行政部门提出行政许可申请。

2. 申请人到负责管辖的卫生计生行政部门咨询、领取或从网上下载《卫生许可证申请书》和办理须知。根据2012年9月23日《国务院关于第六批取消和调整行政审批项目的决定》公共场所改、扩建卫生许可承担单位由县级以

上地方人民政府卫生计生行政部门调整为设区的市级、县级人民政府卫生计生行政部门。

（二）受理

负责管辖的卫生计生行政机关接到申请人的卫生行政许可申请后，受理人员需要对申请材料的完整性、合法性、规范性进行审核，并根据下列情况分别作出处理：

申请事项依法不需要取得卫生行政许可的，应当即时告知申请人不受理。

申请事项依法不属于法定职权范围的，应当即时作出不予受理的决定，并告知申请人向有关行政机关申请。

申请材料存在可以当场更正的错误的，应当允许申请人当场更正。

申请材料不齐全或者不符合法定形式的，应当场或者在五日内出具申请材料补正通知书，一次告知申请人需要补正的全部内容，逾期不告知的，自发出行政许可申请材料接受凭证之日起即为受理。

申请事项属于法定职权范围，申请材料齐全、符合法定形式，或者申请人按照要求提交全部补正申请材料的，应当受理行政许可申请。

（三）审核

卫生计生行政机关应按标准审核全部书面材料，并及时指派 2 名以上卫生监督员按照国家卫生标准和规范要求，对申请人从事公共场所经营的能力、申请内容所涉及的环境、设备、布局等进行审查和监测。审查工作重点应把握以下几个方面：

1. 公共场所流程布局的设置情况。

2. 功能间（清洗消毒间、储藏室、布草间、更衣室、公共卫生间等）的设置与公共场所经营项目、规模的配置情况。

3. 清洗、消毒、保洁、盥洗等卫生设施设备的配备情况。

4. 采光、照明、机械通风或者集中空调通风系统情况。

5. 生活饮用水，二次供水，给排水设施，防积水地面坡度情况。

6. 公共场所经营单位卫生管理情况。包括卫生管理组织和制度、从业人员健康体检和卫生知识培训情况、公共用品用具的采购、验收及索证情况等。

（四）决定

经审查符合要求，应当予以卫生许可。不符合卫生要求的，申请单位应当采取改进措施，达到卫生要求后予以卫生许可。

公共场所卫生许可证应当载明编号、单位名称、法定代表人或者负责人、经营项目、经营场所地址、发证机关、发证时间、有效期限。卫生许可证有效期限为四年。

对经营多种公共场所的单位只发放一个卫生许可证，并注明其兼营项目。

因违法而需注销其中某个经营项目时,在卫生许可证的相应处加盖注销章,被注销经营项目的单位经卫生执法监督检查和卫生监测符合要求后,可申请恢复被注销的经营项目,并换发新证。

公共场所经营者变更单位名称、法定代表人或负责人的,应向原发证卫生计生行政部门办理变更手续;变更经营项目、经营场所地址的,应向县级以上卫生计生行政部门重新申请卫生许可证;需要延续卫生许可证的,应在卫生许可证有效期届满 30 日前,向原发证卫生计生行政部门提出申请;遗失卫生许可证的,应及时到发证机关报失补领,歇业单位应到发证机关注销卫生许可证。

三、公共场所卫生许可证的延续和注销

公共场所卫生许可证有效期限为 4 年,在届满期前 30 日向发证的卫生计生行政部门提出书面申请,进行延续(换发)。

有下列情况之一的,原发证的卫生计生行政部门可以不予延续《卫生许可证》:

1. 未在规定期限内提交经营场所检测报告、从业人员(包括临时工)的名单和健康合格证的。

2. 提交的经营场所检测报告中卫生指标检测结果不符合要求的。

3. 使用集中空调通风系统的,未提交集中空调通风系统卫生检测或者评价报告;卫生检测或者评价不符合卫生要求的。

有下列情况之一的,根据《卫生行政许可管理办法》注销其公共场所卫生许可证:

1. 卫生行政许可复验期届满或者有效期届满未延续的。

2. 赋予公民特定资格的卫生行政许可,该公民死亡或者丧失行为能力的。

3. 法人或其他组织依法终止的。

4. 卫生行政许可被依法撤销、撤回或者卫生行政许可证件被依法吊销的。

5. 因不可抗力导致卫生行政许可事项无法实施的。

6. 法律、法规规定的应当注销卫生行政许可的其他情形。

第三节　公共场所经常性卫生执法监督

一、公共场所经常性卫生执法监督的概念与目的

公共场所经常性卫生执法监督,是指在公共场所经营过程中,卫生计生执法监督机构对其卫生状况进行定期或不定期的卫生执法监督检查、卫生监

测、卫生技术指导、卫生行政处罚等工作的总称。经常性卫生执法监督是目前卫生执法监督活动中最主要的执法监督形式。其目的是及时发现存在的卫生问题，发现不符合卫生要求的及时给予卫生技术指导，提出具体改进意见，督促其采取有效的措施，及时整改；对拒不改正或有严重违法行为的单位和个人，依照《条例》《细则》等法律法规有关规定，给予行政处罚。

二、公共场所经常性卫生执法监督的基本方法

（一）现场检查

现场检查是公共场所经常性卫生执法监督的主要检查方法。公共场所基本卫生状况可通过现场检查获得。通过检查可以了解公共场所经营单位的现场环境卫生状况；卫生设备、设施的完好状况与使用状况；卫生许可证和从业人员健康证明有效状况等。

（二）询问调查

询问调查是在现场察看的基础上，通过对生产经营者、从业人员及顾客进行询问，对发现的卫生问题作进一步深入的了解和验证，是现场卫生执法监督过程中不可缺少的手段。如询问卫生制度执行状况、从业人员健康状况和相关卫生知识掌握状况、卫生事故发生的过程，询问顾客对卫生条件、卫生状况的印象和体验等。

（三）卫生监测与卫生执法监督抽检

卫生监测是通过科学仪器和检测方法作出对公共场所卫生学指标进行定量的科学测定。卫生检测的项目、地点、频次均须执行相关的卫生标准和规范。卫生监测应严密组织和准备，以保证获得数据的准确性。卫生监测的布点数量和监测频率，应遵循抽样调查原则和成本效益原则，以最小工作量满足监测目的，避免卫生资源的浪费或增加经营单位的负担。

卫生执法监督抽检是县级以上卫生计生行政部门依法组织的对公共场所进行的卫生执法监督抽检和抽查。

（四）卫生计生执法监督全过程记录

卫生计生执法监督全过程记录制度包括具体工作制度、执法文书、信息系统、手持执法终端、视频监控设施、执法记录仪等方面内容，充分体现利用技术化手段对立案、调查取证、决定、执行等行政执法活动全过程的跟踪记录，有效固定保存证据，实现执法环节全程可追溯。在现场对观察、询问、监测等检查过程中所发现的问题，采用文字的形式准确记录，以便作为档案管理、科学研究和行政处罚、行政诉讼的证物。卫生执法监督文书的制作是经常性卫生执法监督记录的最常用方法，应正确使用现场检查笔录。照相、录像取证时，要注意在画面上同时存在被执法监督单位的标志或陪检人员和工

作人员,以增强证据的特指性和关联性。建立执法全过程记录制度,真实、准确反映行政执法行为,实现执法全程留痕。移动执法终端是针对行政处罚、行政许可等工作要求开发的基于智能手机或专用手持设备运行的移动终端软件。

(五)执法监督指导

对不符合卫生法规和卫生标准规定所存在的卫生问题,给予卫生技术指导,提出改进意见,限期改进。对存在违法行为者,依法予以行政处罚。在卫生执法监督指导中卫生执法监督员要注意把相关专业理论和专业技能运用到实践中去,一切从实际出发。对非原则性的问题和可改可不改的问题,不要坚持按自己的意愿去改进。要利用卫生许可证换证的时机,对经营单位提出相对从严的改进意见,以利逐步提高公共场所卫生水平。

(六)电子监管与在线监测

电子监管是相对于传统的以人力执法监督为主的监管方式,主要依托互联网等信息技术和生物物理化学等检测方法的集成,在某些领域可部分替代人力执法监督,对监管对象实施动态、连续、实时的主动管理,具有客观、经济、高效、准确、全面、可追溯的特点。所积累的信息资源可数字化保存、分析、共享,是政府实现社会管理和公共服务职能的新手段。

在线监测是指运用空气或水质在线分析仪、自动控制技术、计算机技术并配以专业软件,组成一个从取样、预处理、分析到数据处理及存贮的完整系统,从而实现对空气或水质样品的在线自动监测。

(七)风险管理

风险管理是指如何在一个肯定有风险的环境里把风险减至最低的管理过程。风险管理当中包括了对风险的量度、评估和应变策略。理想的风险管理,是一连串排好优先次序的过程,使当中的可以引致最大损失及最可能发生的事情优先处理,而相对风险较低的事情则押后处理。

(八)卫生监督量化分级管理

公共场所卫生监督量化分级管理是对取得卫生许可的公共场所经营单位进行经常性卫生监督的量化评分,根据审查结果对其进行风险性分级和公共场所卫生信誉度分级,并确定次年公共场所卫生监督的频率。目前各地依据原卫生部《公共场所卫生监督量化分级管理指南》(2009)组织实施。

(九)"双随机、一公开"

"双随机、一公开",即在监管过程中随机抽取检查对象,随机选派执法检查人员,抽查情况及查处结果及时向社会公开。"双随机、一公开"是国务院办公厅于2015年8月发布的《国务院办公厅关于推广随机抽查规范事中事后监管的通知》中要求在全国全面推行的一种监管模式。

三、经常性卫生执法监督的主要内容

经常性卫生执法监督的内容和项目应依据有关法律、法规和各类公共场所卫生规范要求制定的,原卫生部的《公共场所卫生监督量化分级管理指南》(2009)对量化评价的主要内容、项目、分值、评价标准进行了具体规定,可作为开展经常性卫生执法监督的依据。通常经常性卫生执法监督主要从卫生管理、功能间卫生要求、公共用品用具卫生要求和集中空调通风系统等方面来开展。

(一)卫生许可证

公共场所取得卫生许可证后方可经营。卫生许可证应真实有效,不得擅自伪造、涂改、倒卖或转让他人,卫生许可证应置于场所醒目位置。

(二)从业人员卫生管理(健康体检、培训、个人卫生)

公共场所经营者应当建立卫生培训制度,组织从业人员学习相关卫生法律知识和公共场所卫生知识,并进行考核。对考核不合格的,不得安排上岗。

公共场所经营者应当组织从业人员每年进行健康检查,从业人员在取得有效健康合格证明后方可上岗。患有痢疾、伤寒、甲型病毒性肝炎、戊型病毒性肝炎等消化道传染病的人员,以及患有活动性肺结核、化脓性或者渗出性皮肤病等疾病的人员,治愈前不得从事直接为顾客服务的工作。

从业人员应保持良好的个人卫生,进行卫生操作时应穿戴清洁的工作服,不得留长指甲、涂指甲油及佩戴饰物。

(三)卫生管理组织及制度

公共场所经营者应当设立卫生管理部门或配备专(兼)职卫生管理人员,具体负责本公共场所的卫生工作。卫生管理员应有从事公共场所卫生管理工作经验,经过公共卫生管理培训并考核合格后上岗。

公共场所应建立健全卫生管理制度,并对制度落实情况进行经常性检查。主要制度有:证照管理制度;从业人员健康检查、卫生知识培训考核及个人卫生制度;公共用品用具购买、验收、储存及清洗消毒保洁制度;场所自身检查与检测制度;集中空调通风系统卫生管理制度;危害健康事故与传染病报告制度;预防控制传染病传播应急预案与危害健康事故应急预案;卫生档案管理制度;设施设备维护保养制度等。

(四)卫生管理档案

卫生管理档案主要包括:卫生管理部门、人员设置情况及卫生管理制度;空气、微小气候(湿度、温度、风速)、水质、采光、照明、噪声的检测情况;顾客用品用具的清洗、消毒、更换及检测情况;卫生设施的使用、维护、检查情况;集中空调通风系统的清洗、消毒情况;安排从业人员健康检查情况和培训考

核情况;公共卫生用品进货索证管理情况;公共场所危害健康事故应急预案或者方案;省、自治区、直辖市卫生计生行政部门要求记录的其他情况。

公共场所卫生管理档案应当有专人管理,分类记录,至少保存两年。

（五）功能间设置及布局

各类公共场所应布局合理,相应功能间(消毒间、布草间、储藏室、工作间、更衣室、公共卫生间、洗衣房等)规范设置,清洗、消毒、保洁设施齐全,能正常使用,环境整洁。

1. 消毒间(区) 消毒间应做到"专人、专室、专工具、专消毒、专储存"。消毒间应设置在室内并为独立的隔间;消毒区相对独立,面积应同公共场所的使用面积相匹配。消毒间环境整洁,各类物品摆放整齐,不得放置与消毒无关的杂物。

2. 清洗消毒设施 采用化学消毒应设置足够数目的清洗池和消毒水池(桶),并有明显标识。采用高温消毒应配备热力消毒柜和清洗池。自洗棉织品的,应配备清洗、消毒设施、设备,其清洗消毒能力与经营规模相适应。

3. 消毒药品 使用的消毒药品,应配备消毒药物配比容器,保证消毒液配比浓度的正确。

4. 保洁设施 公共用品用具经清洗消毒后应及时放置在密闭保洁设施内,防止二次污染。保洁柜四周密闭并有标识,不得与外界相通。保洁柜内不得存放其他无关物品。

5. 卫生间 卫生间应设有独立的机械排风设施。公共卫生间应每天清扫,保持环境清洁。

（六）公共用品用具的清洗、消毒与保洁

1. 公共用品用具数量配置符合要求,和经营规模相适应。

2. 公共用品用具做到一客一换一消毒,禁止重复使用一次性用品用具,公共用品用具清洗、消毒、保洁到位。清洗消毒后的饮具应符合《旅店业卫生标准》规定。棉织品须平整无褶皱,无破损,无茶渍、血迹等污迹,无毛发。

棉织品若为自洗,须记录清洗消毒的日期、时间、物品种类、件数、方法、消毒人员签名;若外送清洗消毒的,须索要清洗单位的相关资质证明,记录送出及回收日期、时间、物品种类、件数等,并经双方确认签名。

3. 各类操作程序正确,从业人员熟练掌握,操作规范,记录完整。

4. 一次性卫生用品、消毒产品等物品均在有效期或保质期内,标识标签齐全,内容规范。

（七）公共卫生用品采购与索证

公共场所经营单位应建立涉水产品、消毒产品等健康相关产品索证管理制度和采购使用登记制度。

（八）公共场所集中空调通风系统

公共场所集中空调通风系统应建立全套档案，包括：①通风管道清洗资料（清洗服务机构资质、施工方案、影像资料等）；②空气过滤、冷凝盘管、加湿器等设备清洗、消毒记录；③冷却塔清洗、消毒记录；④空调系统竣工图。已投入运行的集中空调通风系统宜每两年进行集中空调通风系统卫生学检测或评价。

集中空调通风系统的开放式冷却塔、空气处理机组、表冷器、加热（湿）器、冷凝水盘应每年进行一次全面检查、清洗，空气过滤网、过滤器和净化器等每 6 个月检查或更换一次。冷却塔中冷却水消毒液有效氯浓度应达到 0.5~1mg/L（建议浓度），作用 30 分钟。开放式冷却塔应远离公众通道，设置有效隔挡设施。新风取风口应远离开放式冷却塔、排风口等污染源。

（九）生活饮用水（二次供水、自建设施供水）卫生管理

公共场所经营者提供给顾客使用的生活饮用水应当符合国家《生活饮用水卫生标准》（GB 5749—2006）要求。二次供水蓄水池或水箱应加盖加锁，不得存在明显易受污染的隐患，尤其是地下蓄水池或水箱。蓄水池或水箱应每年至少清洗消毒 1 次，并有相应记录和清洗后水质检测合格报告。自建设施供水应经处理和消毒并符合国家《生活饮用水卫生标准》（GB 5749—2006）要求。

（十）公共场所卫生检测报告

公共场所经营者应当按照卫生标准、规范的要求对公共场所的空气、微小气候、水质、采光、照明、噪声、顾客用品用具等进行卫生检测，检测每年不得少于一次。检测结果不符合卫生标准、规范要求的应当及时整改。公共场所经营者不具备检测能力的，可以委托检测。公共场所经营者应当在醒目位置如实公示检测结果。

（十一）信息公示

公共场所卫生许可证、公共场所卫生信誉度等级、公共场所卫生检测结果应当在经营场所醒目位置公示。

（十二）控烟或禁烟

室内公共场所禁止吸烟。公共场所经营者应设置醒目的禁止吸烟警语和标志；室外公共场所设置的吸烟区不得位于行人必经的通道上；公共场所不得设置自动售烟机；公共场所经营者应当开展吸烟危害健康的宣传，并配备专（兼）职人员对吸烟者进行劝阻。

第四节 公共场所预防性卫生监督

一、预防性卫生监督的概念

公共场所预防性卫生监督是指卫生计生执法监督机构对公共场所建设项目（新建、改建、扩建）的选址、设计、竣工验收实施卫生监督。公共场所预防性卫生监督的目的是通过对公共场所建设项目进行预防性卫生监督，把可能影响人体健康的环境因素和可能产生的卫生问题，消除或者控制在选址、设计和施工的过程中。

《公共场所卫生管理条例实施细则》第二十六条：公共场所进行新建、改建、扩建的，应当符合有关卫生标准和要求，经营者应当按照有关规定办理预防性卫生审查手续。预防性卫生审查程序和具体要求由省、自治区、直辖市人民政府卫生计生行政部门制定。目前部分省市制定了公共场所预防性卫生审查程序和具体要求。

公共场所进行新建、改建、扩建的，应当符合有关卫生标准和要求，经营者应当按照有关规定办理预防性卫生审查手续。公共场所预防性卫生监督可分选址阶段的预防性卫生监督、设计阶段的预防性卫生监督和竣工验收阶段的预防性卫生监督。

二、选址阶段的预防性卫生监督

选址阶段的预防性卫生监督应遵循符合城市和乡镇的总体规划和功能分区的要求；所选地址应尽可能地势平坦、干燥、地下水位低、土壤清洁、空气清新、通风日照良好，水源不受污染，交通方便；附近无污染源，有污染源时地址选在夏季主导风向的上风向，并且有符合卫生要求的距离；建筑布局合理等。

三、设计阶段的预防性卫生监督

（一）预防性卫生监督资料受理要求

预防性卫生监督资料受理要求包括：《建设项目卫生审查申请书》；有资质机构出具的《建设项目选址设计卫生学评价报告》；营业执照（或企业名称核准通知书或事业单位法人证书）；经营场所的合法证明；总平面图和布局平面图；设计说明书中的卫生专篇；企业授权委托书等。

（二）预防性卫生监督资料审查的内容

主要包括审阅建设项目卫生评价报告或有关卫生防护措施的文字说明，审阅设计图纸中的各功能区的布局、流程、卫生防护措施和设施，集中空调通风系统的布局,核算设计参数是否满足卫生要求等。

(三)作出预防性卫生监督资料审查的结论

经过综合分析后,提出卫生学审核评价意见。

四、竣工验收阶段的预防性卫生监督工作

(一)土建验收工作重点

察看各功能区的布局、流程、卫生防护措施和设施是否与设计一致。

(二)竣工验收工作重点

审阅有资质机构出具的《建设项目工程竣工卫生学评价报告》。

(三)作出竣工验收的结论

竣工验收的预防性卫生监督指建设项目设计施工和安装完毕后,卫生计生监督机构进行卫生审查与卫生监测,对工程的设计和卫生质量做出全面评价,写出卫生评价报告书,对合格者签发《建设项目竣工卫生验收认可书》。对存在的问题,提出限期改进意见,使之进一步完善。

第五节　公共场所危害健康事故处置

公共场所危害健康事故:是指公共场所内发生的传染病疫情或者因空气质量、水质不符合卫生标准、用品用具或者设施受到污染导致的危害公众健康事故。

为及时调查、处理本单位的突发公共卫生事件,查清事件原因,减少对人体健康造成的损害,保障本单位各项经营活动的正常运行,公共场所经营者应结合实际制定本单位突发公共卫生事件应急预防方案。可以结合本地区、本单位具体情况,编制应急预案操作手册,内容一般包括风险隐患监测分析、处置工作程序、响应措施、物资储备、相关单位联络员联系方式等。

公共场所危害健康事故处置原则:抢救受害者;消除有害因素;保护现场;调查取证;制定预防措施;追究事故责任。

第六节　公共场所卫生执法监督信息 报告、公示和公告

省、市、县(市、区)卫生计生执法监督机构应及时填报被执法监督公共场所卫生情况和业务工作开展情况。

公共场所卫生执法监督信息公示制度,是在日常卫生执法监督的基础上,对公共场所经营单位的卫生许可证、卫生信誉度等级、卫生检测结果、卫生管

理组织制度、从业人员健康及培训证明、公共用品用具消毒、棉制品更换、健康相关产品采购索证、健康相关产品卫生质量标识、空调系统卫生、近期被举报投诉情况等重要的卫生状况的公示。

由县级以上人民政府卫生计生行政部门负责公布辖区内公共场所卫生执法监督抽检结果。

第三章
各类公共场所执法监督管理

第一节 住宿场所卫生执法监督管理

一、住宿场所的概念及适用范围

住宿场所是指向消费者提供住宿及相关综合性服务的场所。包括宾馆（饭店、酒店、旅馆、度假村等）、旅店、招待所。

二、住宿场所主要卫生风险

（一）住宿场所的卫生学特点

住宿场所接待客人多，人员流动性大，旅客短暂地集聚在一起，相互间接触频繁，容易传播疾病。各种人群对服务质量和卫生水平的要求不同。

（二）住宿场所的主要卫生风险

1. 室内空气污染　客房内居住密度过大，人员活动频繁，可使二氧化碳含量明显增加。旅店客房中的一氧化碳主要来源于旅客的吸烟，冬季取暖时燃料不完全燃烧或室外的污染空气。旅店空气中的微生物主要来自旅客、服务人员中的病人或病原携带者。装修装饰材料、家具等释放的有害气体也可致空气污染。

2. 卧具及其他公共用品用具　污染的公共场所每一件公共用品用具，可被众多的人反复接触，在接触过程中，能把身上、手上、衣物上的微生物（其中包括病原微生物）转移到公共用品用具上。

3. 二次供水的污染　二次供水管理单位如果管理制度不健全、不按规范进行清洗消毒和水质检测等，对二次供水水质安全产生较大影响。

4. 集中空调通风系统污染等　集中空调的污染主要来源于两方面。外部的主要为室外空气、工业废气、汽车尾气、臭氧；内部的主要为化学性和生物性污染。其中生物性污染对健康的不利影响，除了生物本身之外，还有生物新陈代谢过程中产生的生物性的可挥发性有机化合物。产生的健康影响因素主要包括：粉尘、细菌、真菌、微型动物、螨虫、生物性可挥发性有机化合物、致病微生物等。

5. 老鼠、蚊子及其他病媒生物的危害　病媒生物是指能够携带和传播细菌、病毒及病原微生物等传染病的有害生物。鼠类可传播 30 多种疾病，其中以鼠疫对人类健康威胁最大，其余有流行性出血热、钩端螺旋体病、斑疹伤害、恙虫病、血吸虫病、结核病、流行性脑膜炎、食物中毒等。

三、住宿场所卫生执法监督依据

1.《中华人民共和国传染病防治法》(2004 年 12 月 1 日)

2.《公共场所卫生管理条例》(1987 年 4 月 1 日国务院)

3.《公共场所卫生管理条例实施细则》(2011 年 5 月 1 日卫生部令第 80 号)

4.《突发公共卫生事件应急条例》(2003 年 5 月 9 日国务院令第 376 号发布)

5.《艾滋病防治条例》(2006 年 1 月 29 日国务院令第 457 号发布)

6.《旅店业卫生标准》(GB 9663—1996)和《公共场所集中空调通风系统卫生规范》(WS 394—2012)等相关卫生标准

7.《住宿业卫生规范》(2007 年 6 月 25 日卫生部、商务部)

8. 相关的地方性法律法规及卫生标准和规范

四、住宿场所的卫生要求

(一)选址要求

住宿场所建设宜选择在交通方便、环境安静，具备给排水条件和电力供应，且不受粉尘、有害气体、放射性物质和其他扩散性污染源影响的区域，并应同时符合规划、环保和消防的有关要求。疗养性旅店宜建于风景区。

(二)设置及布局要求

1. 住宿场所主楼与辅助建筑物应有一定间距，烟尘应高空排放，场所 25m 范围内不得有有毒有害气体排放或噪声等污染源。

2. 住宿场所应当设置与接待能力相适应的消毒间、储藏间，并设有员工工作间、更衣和清洁间等专间。客房不带卫生间的场所，应设置公共卫生间、公共浴室、公用盥洗室等。

3. 住宿场所的吸烟区(室)不得位于行人必经的通道上，室内空气应当符合国家卫生标准和卫生要求。

4. 住宿场所的公共卫生间应当远离食品加工间。

5. 住宿场所内应放置安全套或者设置安全套发售设施，应当提供性病、艾滋病等疾病防治宣传资料。

（三）客房卫生要求

1. 客房宜有较好的朝向，自然采光系数以 1/5~1/8 为宜。客房净高不低于 2.4m，内部结构合理，日照、采光、通风、隔声良好。

2. 客房内部装饰材料应符合国家有关标准，不得对人体有潜在危害。

3. 普通旅店的客房床位占室内面积每床不低于 $4m^2$。星级宾馆的客房床位占室内面积每床不低于 $7m^2$。

4. 含有卫生间的住宿客房应设有浴盆或淋浴、抽水马桶、洗脸盆及排风装置；无卫生间的客房，每个床位应配备有明显标记的脸盆和脚盆。

5. 客房内环境应干净、整洁，摆放的物品无灰尘，无污渍；客房空调过滤网清洁、无积尘。

6. 客房与旅店的其他公共设施（厨房、餐厅、小商品部等）要分开，并保持适当距离。

（四）清洗消毒专间卫生要求

1. 住宿场所必须设消毒间，清洗消毒间数量和面积应能满足饮具、用具等清洗消毒保洁的需要。

2. 清洗消毒间地面与墙面应使用防水、防霉、可洗刷的材料，墙裙高度不得低于 1.5m，地面坡度不＜2%，并设有机械通风装置。

3. 饮具宜用热力法消毒。采用化学法消毒饮具的住宿场所，消毒间内至少应设有 3 个饮具专用清洗消毒池，并有相应的消毒剂配比容器。应配备已消毒饮具（茶杯、口杯、酒杯等）专用存放保洁设施，其结构应密闭并易于清洁。

4. 配有拖鞋、脸盆、脚盆的住宿场所，消毒间内应有拖鞋、脸盆、脚盆专用清洗消毒池及已消毒用具（拖鞋、脸盆、脚盆等）存放专区。

5. 各类水池应使用不锈钢或陶瓷等防渗水、不易积垢、易于清洗的材料制成，并设置标识明示用途。

（五）储藏间卫生要求

储藏间，是指用于存放客用棉织品、一次性用品等物品的房间。住宿场所宜设立一定数量储藏间。储藏间内应设置数量足够的物品存放柜或货架，并应有良好的通风设施及防鼠、防潮、防虫、防蟑螂等预防控制病媒生物设施。

（六）工作车卫生要求

工作车，是指用于转送及暂存客用棉织品、一次性用品及清洁工具等物品的车辆。

1. 住宿场所宜配备工作车，其数量应能满足工作需要。

2. 工作车应有足够空间分别存放客用棉织品、一次性用品及清洁工具并有明显的标识。

3. 工作车所带垃圾袋应与洁净棉织品、一次性用品及洁净工具分开,清洁浴盆、脸盆、抽水马桶的工具应分开存放,标志明显,推广抹布分色管理。

(七)洗衣房卫生要求

1. 住宿场所宜设专用洗衣房或采用社会化洗涤服务。洗衣房应分设工作人员出入口、待洗棉织品入口及洁净棉织品出口,并避开主要客流通道。

2. 洗衣房应依次分设棉织品分拣区、清洗干燥区、整烫折叠区、存放区、发放区。棉织品分拣、清洗、干燥、修补、熨平、分类、暂存、发放等工序应做到洁污分开,防止交叉污染。

3. 公共用品如需外洗的,应选择清洗消毒条件合格的承洗单位,签订合同,作好物品送洗与接收记录,并索要承洗单位物品清洗消毒记录,及索要检验报告的复印件。

(八)公共浴室卫生要求

公共浴室应分设男、女区域,按照设计接待人数,盥洗室每 8~15 人设 1 只淋浴喷头,淋浴室每 10~25 人设 1 只喷头。

(九)公共卫生间卫生要求

1. 公共卫生间应男、女分设,便池应采用水冲式,地面、墙壁、便池等应采用易冲洗、防渗水材料制成。卫生间地面应略低于客房,地面坡度不＜2%,并设置防臭型地漏。卫生间排污管道应与经营场所排水管道分设,设置有效的防臭水封。

2. 公共卫生间应设有独立的机械排风装置,有适当照明,与外界相通的门窗安装严密,纱门及纱窗易于清洁,外门能自动关闭。卫生间内应设置洗手设施,位置宜在出入口附近。

3. 除标准较高的客房设有专门卫生间设备外,每层楼必须备有公共卫生间。男卫生间应按每 15~35 人设大小便器各 1 个,女卫生间应按每 10~25 人设便器 1 个。便池宜为蹲式,配置坐式便器宜提供一次性卫生座垫。卫生间地坪应略低于客房,并应选择耐水易洗刷材料,距地坪 1.2m 高的墙裙宜应用瓷砖或磨石子,卫生间应有自然通风管井或机械通风装置。

(十)通风设施卫生要求

1. 客房、卫生间、公共用房(接待室、餐厅、门厅等)及辅助用房(厨房、洗衣房、储藏间等)应设机械通风或排风装置。机械通风或排风装置的设计和安装应能防止异味交叉传导。

2. 住宿场所的集中空调通风系统应符合《公共场所集中空调通风系统卫生规范》(WS 394—2012)的要求。

3. 住宿场所的机械通风装置(非集中空调通风系统),其进风口、排气口应安装易清洗、耐腐蚀并可防止病媒生物侵入的防护网罩。

（十一）二次供水设施卫生要求

二次供水蓄水池应加盖加锁，不得存在明显易受污染的隐患，地下蓄水池是关注重点。蓄水池每6个月至少清洗消毒1次，并有相应记录和清洗后水质检测合格报告。

（十二）其他要求

住宿场所室内应设有废弃物收集容器，有条件的场所宜设置废弃物分类收集容器。废弃物收集容器应使用坚固、防水防火材料，内壁光滑易于清洗。废弃物收集容器应密闭加盖，防止不良气味溢散及病媒生物侵入。住宿场所宜在室外适当地点设置废弃物临时集中存放设施，其结构应密闭，防止病媒生物进入、孳生及废弃物污染环境。

五、住宿场所的卫生操作要求

（一）公共用品用具的采购、清洗、消毒和储藏

1. 采购的物品应符合国家有关卫生标准和规定要求。采购物品应做好记录，便于溯源。采购的一次性卫生用品、消毒产品、涉水产品等物品中文标识应规范，并附有必要的证明文件。采购的物品入库前应进行验收，出入库时应登记。

2. 清洗消毒间应有明显标志，环境整洁，通风换气良好，无积水积物，无杂物存放。供顾客使用的公共用品用具应严格做到一客一换一消毒。禁止重复使用一次性用品用具。清洗消毒应按规程操作，做到先清洗后消毒，使用的消毒剂应在有效期内，消毒设备（消毒柜）应运转正常。清洗饮具、盆桶、拖鞋的设施应分开，清洁工具应专用，防止交叉传染。清洗消毒后的各类用品用具应达到有关卫生标准的规定并保洁存放。清洗消毒后的茶具应当表面光洁，无油渍、无水渍、无异味，符合《旅店业卫生标准》（GB 9663—1996）表2公共用品清洗消毒判定标准的要求。洁净物品保洁柜应定期清洗消毒，不得存放杂物。

3. 公共用品用具储藏间应保持通风和清洁，无鼠害、苍蝇、蟑螂等病媒生物及霉斑，不得存放有毒有害物品及私人物品。不同物品应分类、分架存放，物品距墙壁、地面均应在10cm以上。棉织品宜存放于储藏柜中。物品的储藏应遵循先进先出原则，并定期检查，及时清理过期物品。有毒有害物品应有专间或专柜存放，上锁、专人管理，并有物品使用登记。

（二）客房服务卫生

1. 客房应做到通风换气，保证室内空气质量符合卫生标准。

2. 床上用品应做到一客一换，长住客一周至少更换一次。星级宾馆还应执行星级宾馆有关床上用品更换规定。

3. 清洁客房、卫生间的工具应分开，面盆、浴缸、坐便器、地面、台面等清洁用抹布或清洗刷应分设。

4. 卫生间内面盆、浴缸、坐便器应每客一消毒，长住客人每天一消毒。

5. 补充杯具、食具应注意手部卫生，防止污染。建议详细一些客房清扫消毒程序的要求。问题较多。

（三）棉织品清洗消毒

1. 棉织品清洗消毒前后应分设存放容器。

2. 客用棉织品、客人送洗衣物、清洁用抹布应分类清洗。

3. 清洗程序应设有高温或化学消毒过程。

4. 棉织品经烘干后应在洁净处整烫折叠，使用专用运输工具及时运送至储藏间保存。

六、住宿场所的卫生执法监督与管理

（一）卫生管理组织和制度要求

1. 住宿场所的法定代表人或负责人是其经营场所卫生安全的第一责任人，对其经营场所卫生安全负全面责任，应接受卫生计生行政部门组织的卫生知识培训。住宿场所应设置卫生管理部门或配备专（兼）职卫生管理员，负责其经营场所卫生管理具体工作。专（兼）职卫生管理员应有从事住宿场所卫生管理工作经验，经过公共卫生管理培训并考核合格。

2. 住宿场所应建立健全卫生管理制度，并对制度落实情况进行经常性检查。主要制度有：证照管理制度；从业人员健康检查、卫生知识培训考核及个人卫生制度；公共用品用具购买、验收、储存及清洗消毒保洁制度；场所自身检查与检测制度；洗衣房卫生管理制度；集中空调通风系统卫生管理制度；健康危害事故与传染病报告制度；预防控制传染病传播应急预案与危害健康事故应急预案；卫生档案管理制度；设施设备维护保养制度。

（二）证照管理要求

住宿场所、从业人员及健康相关产品应证照齐全。卫生许可证悬挂在场所醒目处，营业执照、从业人员健康合格证明及卫生知识培训合格证明有效，健康相关产品卫生许可批件或备案文件复印件真实完备。

（三）卫生管理档案要求

住宿场所应建立卫生管理档案，档案应当包括以下方面：

1. 证照　卫生许可证、营业执照、从业人员健康合格证明和卫生知识培训合格证明、健康相关产品卫生许可批件或备案文件（复印件）等。

2. 卫生管理制度。

3. 卫生管理组织机构或卫生管理人员与从业人员岗位职责。

4. 发生传染病传播或健康危害事故后的处理情况。

5. 卫生操作规程。

6. 公共用品用具采购、验收、出入库、储存记录。

7. 公共用品用具清洗、消毒、检测记录。

8. 设备设施维护与卫生检查记录。

9. 空气质量、微小气候、公共用品用具、噪声、照度、水质等，集中空调通风系统检测记录。

10. 投诉与投诉处理记录。

11. 有关记录　包括场所自身检查与检测记录、培训考核记录、从业人员因患有有碍公众健康疾病调离直接为顾客服务岗位记录、集中空调通风系统清洗消毒记录等。

12. 有关证明　包括预防性建筑设计审核文件、集中空调通风系统竣工图纸、消毒设施设置情况等。

各项档案中应有相关人员的工作记录并签名，档案应有专人管理，各类档案记录应进行分类并有目录。有关记录至少应保存 2 年。

（四）从业人员的卫生要求

1. 住宿场所从业人员上岗前应当取得"健康合格证明"。直接为顾客服务的从业人员应每年进行健康检查，取得"健康合格证明"后方可继续从事直接为顾客服务的工作。"健康合格证明"不得涂改、伪造、转让、倒卖。从业人员患有痢疾、伤寒、甲型病毒性肝炎、戊型病毒性肝炎等消化道传染病的人员，以及患有活动性肺结核、化脓性或者渗出性皮肤病等疾病的人员，治愈前不得从事直接为顾客服务的工作。可疑传染病患者须立即停止工作并及时进行健康检查，明确诊断。

2. 从业人员应当完成规定学时的卫生知识培训，掌握有关卫生法律法规、基本卫生知识和卫生操作技能等。从业人员卫生知识培训每两年进行一次。从业人员取得卫生知识培训合格证明后方可上岗。

3. 个人卫生。

（五）场所卫生检测要求

公共场所经营者应当按照卫生标准、规范的要求对公共场所的空气、微小气候、水质、采光、照明、噪声、顾客用品用具等进行卫生检测，检测每年不得少于一次；检测结果不符合卫生标准、规范要求的应当及时整改。公共场所经营者不具备检测能力的，可以委托检测。

（六）卫生信息公示要求

公共场所卫生许可证应当在经营场所醒目位置公示。公共场所卫生信誉度等级应当在公共场所醒目位置公示。公共场所经营者应当在醒目位置如实公示检测结果。

(七)禁烟管理

室内公共场所禁止吸烟。公共场所经营者应当设置醒目的禁止吸烟警语和标志。室外公共场所设置的吸烟区不得位于行人必经的通道上。公共场所不得设置自动售烟机。公共场所经营者应当开展吸烟危害健康的宣传,并配备专(兼)职人员对吸烟者进行劝阻。有禁烟或控烟地方法律法规规章的,按地方法律法规执行。

(八)艾滋病防治的相关要求

宾馆、旅店等公共场所能按照规定放置安全套和设置安全套自动售套机。在大堂、房间、服务台处放有相应的宣传资料,张贴艾滋病防治标语、警示语或图片,在墙上悬挂艾滋病防治的宣传画板等,组织服务人员进行有关艾滋病防治知识培训。

第二节 美容美发场所卫生执法监督管理

美容美发的卫生学意义在于美容美发的过程中,人们接触多种环境因素,而这些因素又都是在公共参与或使用之中作用于人体。如美容美发的室内环境,使用的公共用品用具,使用的多种化学物质和美容美发师的密切接触等,都形成了美容美发环境与顾客健康之间的联系。

美容场所,是指根据宾客的脸型、皮肤特点和要求,运用手法技术、器械设备并借助化妆、美容护肤等产品,为其提供非创伤性和非侵入性的皮肤清洁、护理、保养、修饰等服务的场所,包括等候、洗净、美容等区域和专间。

美发场所,是指根据宾客的头型、脸型、发质和要求,运用手法技艺、器械设备并借助洗发、护发、染发、烫发等产品,为其提供发型设计、修剪造型、发质养护和烫染等服务的场所,包括等候、洗发、理发、烫染等区域和专间。

公共用品用具,是指美容美发场所和美容美发操作过程中使用的,与顾客密切接触的物品。美容用品用具包括美容棉(纸)、倒膜用具、修手工具、眉钳、刷子、梳子、美容盆、美容仪器等物品;美发用品用具包括围布、毛巾、刀剪、梳子、推子、发刷、胡刷等物品。

医疗美容,是指运用手术、药物、医疗器械以及其他具有创伤性或者侵入性的医学技术方法对人的容貌和人体各部位形态进行的修复与再塑。常见非法医疗美容的项目,如眉修整术、穿耳孔术、毛发移植术、不良文饰修复术、脂肪抽吸术(2000ml ≤ 吸脂量 < 5000ml)等。

危害健康事故,是指美容美发场所内发生的因空气质量、水质不符合卫生标准、用品用具或设施受到污染导致的群体性健康损害事故。

一、美容美发场所的卫生学特点和主要卫生风险

(一)理发、美容场所的卫生学特点

1. 人员集中、流动性大　美容美发场所是短时间内人员高度集中的环境,在一定空间内同时接纳众多人群。人群成分复杂,男女老幼,体质强弱和处在不同生理状态下的人员互相接触,彼此交往,容易传播疾病。

2. 设备和物品容易污染　美容美发场所都有很多设备、器械和供多人使用的物品。这些物品和设备反复为多人所使用和触摸,因此,容易交叉污染,危害人群身体健康。公共场所的设备和物品有很多,像理发美容用具、毛巾、化妆品等。

3. 美容美发场所容易传播疾病　美容美发场所人员众多,接触密切,是传播各种传染病的场所,就是说,在美容美发场所影响健康的致病因素传播快。首先容易传播呼吸道疾病。呼吸道传染病能否传染,在一定意义上决定于人口的密度和接触机会。人口密度越大,接触机会越多,越容易传播。

其次,容易传播其他疾病。美容美发场所设有公用毛巾、卧具、各种用品用具,多人反复交叉接触,容易被各种致病菌污染,传播疾病。另外也容易传播某些接触性疾病,如癣、皮肤病、性病等。同时,由于化妆品使用不当,造成的过敏性疾病等。

4. 美容美发场所建筑布局和管理别具特点　随着城市的不断发展和人口的增多,美容美发场所发展很快,满足了居民群众日常活动的需要。但是,有一些公共场所是在旧城市基础上见缝插针建立起来的,选址与布局不尽合理,设计也不完全符合卫生要求,这给卫生执法监督和管理带来更大的任务。

(二)美容美发场所主要卫生风险

1. 造成呼吸道传染病的暴发流行　由于人员高度集中,微小气候不达标,空气污浊,加之集中空调通风系统污染,使室内空气污浊,造成呼吸道传染病的暴发流行。

2. 理发美容用品用具易污染　容易传播各种传染病,如:呼吸道传染病、肠道传染病、皮肤病和性病等。

3. 老鼠、蚊子及其他病媒生物对健康危害　病媒生物能够携带和传播细菌、病毒及病源微生物等传染病的有害生物。鼠类可传播30多种疾病,其中以鼠疫对人类健康威胁最大,其余有流行性出血热、钩端螺旋体病、斑疹伤寒、恙虫病、血吸虫病、结核病、流行性脑膜炎、食物中毒等。

4. 化妆品健康危害　含有过量重金属或激素的化妆品,可致皮肤甚至身

体的健康损害,有些还可造成过敏性反应。

5. 氨对健康危害　染发、烫发产品含有氨,对人体有以下损害:

(1)氨以气体形式吸入肺泡,与血红蛋白结合,破坏运氧功能。

(2)氨破坏细胞膜结构减弱人体对疾病的抵抗力。

(3)长期接触氨后可能会出现皮肤色素沉积或手指溃疡等症状。

(4)短期内吸入大量氨气后可出现流泪、咽痛、声音嘶哑、咳嗽、痰带血丝、胸闷、呼吸困难,并伴有头晕、头痛、恶心、呕吐、乏力等症状,严重者可发生肺水肿、成人呼吸窘迫综合征,同时可能发生呼吸道刺激症状。

二、卫生执法监督依据

1.《中华人民共和国传染病防治法》(2004 年 12 月 1 日)

2. 国务院《公共场所卫生管理条例》(1987 年 4 月 1 日)

3.《公共场所卫生管理条例实施细则》(2011 年 5 月 1 日卫生部令第 80 号)

4.《突发公共卫生事件应急条例》(2003 年 5 月 9 日国务院令第 376 号发布)

5.《艾滋病防治条例》(2006 年 1 月 29 日国务院令第 457 号发布)

6.《理发店、美容店卫生标准》(GB 9666—1996)和《公共场所集中空调通风系统卫生规范》(WS 394—2012)等相关卫生标准

7.《美容美发场所卫生规范》(2007 年 6 月 25 日卫生部、商务部)

8.《医疗美容服务管理办法》《医疗美容项目分级管理目录》等

9. 相关的地方性法律法规及卫生标准和规范

三、预防性卫生监督

(一)选址

美容美发场所宜选择在交通方便、人口密集或靠近居民区的地方。环境洁净,具备给排水条件和电力供应的区域,场所周围 25m 范围内应无粉尘、有害气体、放射性物质和其他扩散性污染源。有完善的上下水系统,远离污染源。一般情况下可以查看城市规划图,小型美容美发场所可以到实地查看。符合城市规划、环保和消防的要求。

(二)设计卫生审查

设计卫生审查时,主要是审查设计图纸和说明,审查功能性房间、卫生设施设备等是否符合卫生要求。

1. 功能性房间设置

(1)功能性房间要求:美容美发场所应当设置在室内并有良好的通风。美容场所经营面积应不< 30m^2,美发场所经营面积应不< 10m^2。一般应设置更衣等候休息室、美容美发操作室、染/烫发室、清洗消毒室、工作人员休息更衣

室等。兼有美容和美发服务的场所,美容、美发操作区域应当分隔设置。经营面积在 50m² 以上的美发场所,应当设有单独的染发、烫发间。经营面积 < 50m² 的美发场所,应当设有烫、染工作间(区),烫、染工作间(区)应有机械通风设施,控制风速不低于 0.3m/s。美容美发场所应当设置从业人员更衣间或更衣柜,根据需要设置顾客更衣间或更衣柜。美发场所应当设置流水式洗发设施,且洗发设施和座位比不 < 1:5。

(2)消毒间要求:美容美发场所应当设置公共用品用具清洗消毒设施,美容场所和经营面积在 50m² 以上的美发场所,应当设立单独的清洗消毒间,专间专用;50m² 以下的美发场所应当设置消毒设备。

(3)等候室的要求:面积依总面积来确定,一般要占总营业面积 8% 以上。

(4)采光要求:要有良好的朝向,自然采光系数以 1/8~1/5 为宜。工作面照度不低于 150lx。

2. 卫生设施设备

(1)给排水设施:美容美发场所应有完备的给排水设施(含热水供应设施),排水设施具有防止逆流、病媒生物侵入和臭味产生的装置,并设有毛发过滤装置;给水水质符合《生活饮用水卫生标准》(GB 5749—2006)的要求。

(2)清洗消毒间:

1)面积要求:面积应不 < 3m²,有给排水设施,通风和采光良好,地面、墙壁防透水,易于清扫。墙裙用瓷砖等防水材料贴面,高度不低于 1.5m。配备操作台、清洗、消毒、保洁和空气消毒设施。

2)清洗池材质要求:清洗池应使用不锈钢或陶瓷等防透水材料制成,易于清洁,容量满足清洗需要。

3)消毒保洁设施要求:消毒保洁设施应为密闭结构,容积满足用品用具消毒和保洁贮存要求,并易于清洁。

4)紫外线灯要求:以紫外线灯作为空气消毒装置的,紫外线波长应为 200~275nm,按房间面积每 10m² 设置 30W 紫外线灯一支,悬挂于室内正中,距离地面 2~2.5m,照射强度 > 70μW。

5)标志要求:清洗、消毒和保洁设施应当有明显标识。

(3)公共卫生间:

1)公共卫生间应设置水冲式便器,便器宜为蹲式,配置坐式便器宜提供一次性卫生座垫。卫生间应有流动水洗手设备和盥洗池。

2)卫生间应设有照明和机械通风设施,机械通风设施不得与集中空调通风系统相通。

(4)储藏设施:

储藏间或储藏柜应有足够的储藏空间,门窗装配严密,有良好的通风、照明、防潮和防病媒生物侵入设施。物品分类存放、离地、离墙并明显标识。

（5）通风设施：

美容美发场所的通风设施应完备，空气流向合理。安装集中空调通风系统的，应当符合《公共场所集中空调通风系统卫生规范》（WS 394—2012）的要求。使用燃煤或液化气供应热水的，应使用强排式通风装置。

（6）废弃物存放设施：美容美发场所应当设有加盖密闭的废弃物盛放容器。

（7）预防控制病媒生物设施：美容美发场所应当配置有效的防尘、防鼠、防虫害设施，污水出口处及场所通风口安装防鼠网，门窗装配紧密，无缝隙。

（三）竣工验收

通过预防性卫生执法监督，执法监督美容美发单位在规划、选址、设计、施工时切实贯彻国家的有关卫生法规、标准和规范，保证各项工程建设符合卫生学要求，发现卫生问题及时研究解决。

四、经常性卫生执法监督

（一）卫生管理

1. 卫生责任　美容美发场所法定代表人或负责人是其场所卫生管理第一责任人，对场所卫生管理负全面责任。

2. 卫生管理机构和人员要求　美容美发场所应设置卫生管理职责部门或专（兼）职卫生管理人员，负责卫生管理的具体工作。专（兼）职卫生管理员应具有美容美发场所卫生管理工作经验。

3. 建立健全卫生管理档案

（1）卫生管理部门、人员设置情况及卫生管理制度。

（2）空气、微小气候（湿度、温度、风速）、水质、采光、照明、噪声的检测情况。

（3）顾客用品用具的清洗、消毒、更换及检测情况，布草外送清洗要符合规定。

（4）卫生设施的使用、维护、检查情况。

（5）使用集中空调通风系统的，应建立集中空调通风系统卫生管理档案。

（6）安排从业人员健康检查情况和培训考核情况。

（7）公共卫生用品进货索证管理情况。

（8）公共场所危害健康事故应急预案或者方案。

（9）自检自查记录。

（10）省、自治区、直辖市卫生计生行政部门要求记录的其他情况。

公共场所卫生管理档案应当有专人管理，分类记录，至少保存两年。

4. 卫生操作规程 美容美发场所经营者应按照有关要求,参照《推荐的美容美发用品用具清洗消毒方法》和《推荐的美容美发场所及其设施、设备、工具清洁计划》,制定本场所具体的卫生操作规程。

经营者应当认真组织从业人员学习卫生操作规程,从业人员应当熟悉本岗位卫生操作规程并严格按规程操作。

5. 卫生检测要求 理发美容场所经营者应当按照卫生标准、规范的要求对公共场所的空气、微小气候、水质、采光、照明、噪声、顾客用品用具等进行卫生检测,检测每年不得少于一次;检测结果不符合卫生标准、规范要求的应当及时整改。

公共场所经营者不具备检测能力的,可以委托经过省级卫生计生行政部门考核合格的检测服务机构进行检测。

(二)环境与个人卫生要求

1. 环境卫生要求 美容店、美发院(店)的环境应整洁、明亮、舒适。地上的碎发要及时清扫,美发、美容工具应摆放整齐,做到操作台上和刀具等用品表面无碎发残留。

2. 从业人员卫生要求 从业人员应保持良好的个人卫生,不留长指甲,勤剪发、勤修甲、勤洗澡、勤换衣,饭前便后、工作前后洗手。工作时不得涂指甲油及佩戴饰物,操作过程中严格洗手消毒;从业人员操作时应穿清洁干净的工作服,清面时应戴口罩;从业人员不宜在工作区域内食、宿,不宜在工作场所摆放私人物品。

(三)公共用品用具卫生要求

1. 公共用品用具数量要求 美容美发场所应配有数量充足的毛巾、美容美发工具,美容场所毛巾与顾客床位比 > 10:1,美发场所毛巾与座位比 > 3:1,公共用品用具配备的数量应当满足消毒周转的要求。

2. 公共用品用具清洗、消毒要求 毛巾、面巾、床单、被罩、按摩服、美容用具等公共用品用具应一客一换一消毒,清洗消毒后分类存放;直接接触顾客毛发、皮肤的美容美发器械应一客一消毒。毛巾和床上卧具细菌总数应 < 200CFU/25cm^2;大肠菌群和致病菌不得检出。

3. 外送洗公共用品要求 公共用品如需外洗的,应选择清洗消毒条件合格的承洗单位,签订合同,做好物品送洗与接收记录,并索要承洗单位物品清洗消毒记录及一年内检测合格报告。

4. 围布要求 美发用围布每天应清洗消毒,提倡使用一次性护颈纸。

5. 其他要求 美容用唇膏、唇笔等应做到一次性使用,一般美容院不得做创伤性美容术,更不能从事医疗美容(医疗美容:文眉术、文唇术、隆乳术、重睑术、隆鼻术、面部除皱术、吸脂术、牙齿漂白术、瓷贴面技术、皮肤磨削术、药物加压治疗、针灸美容等都包括在内）。

在生活美容场所从事非法医疗美容服务的，依据《医疗美容服务管理办法》第二十六条规定，应立即责令该机构停止开展该医疗美容服务，并依法进行查处。

（四）公共用品用具采购及索证

1. 采购的公共用品用具应符合国家有关卫生标准和规定要求。采购的一次性卫生用品、消毒产品、化妆品等物品的中文标识应规范，并附有必要的证明文件。

2. 采购公共用品用具应向经销商索要产品卫生质量检测报告或有效证明材料，物品入库前应进行验收，出入库时应登记，文件和记录应妥善保存，便于溯源。

3. 对索取的公共卫生用品检验合格证明和其他相关资料复印件的，应加盖提供者的公章。

（五）公共用品用具储藏

1. 公共用品用具应按服务功能和种类分类存放，专柜专用，保持洁净。

2. 化妆品、消毒产品储藏应遵循先进先出原则，变质或过期产品应及时清除并销毁。

（六）公用饮具消毒

1. 公用饮具应一客一换一消毒，消毒后贮存于专用保洁柜内备用，已消毒和未消毒饮具应分开存放。保洁柜应保持洁净，不得存放其他物品。提倡使用一次性饮具。

2. 饮具清洗消毒后应表面光洁，无油渍、无水渍、无异味，符合《食（饮）具消毒卫生标准》规定。

（七）美容、美发操作

1. 从业人员操作前应认真检查待用化妆品，感官异常、超过保质期以及标识标签不符合规定的化妆品不得使用。不得自制或分装外卖化妆品。

2. 从业人员操作时应着洁净工作服，工作期间不得吸烟。美容从业人员应在操作前清洗、消毒双手，工作期间戴口罩，并使用经消毒的工具取用美容用品；理（美）发从业人员应在修面操作时戴口罩，对患有头癣等皮肤病的顾客，使用专用工具。

3. 不得使用未经消毒的公共用品用具。美容用唇膏、唇笔等应专人专用，美容棉（纸）等应一次性使用，胡刷、剃刀宜一次性使用。

4. 美容、美发、烫发、染发所需毛巾和工具应分开使用，使用后分类收集、清洗和消毒。烫发、染发操作应在专门工作区域进行。

5. 美容用盆（袋）应一客一用一换，美容用化妆品应一客一套。

（八）卫生信息公示要求

美容、美发场所卫生许可证、卫生信誉度等级、卫生检测结果报告单应当在经营场所醒目位置公示。

（九）禁烟管理

室内公共场所禁止吸烟。公共场所经营者应当设置醒目的禁止吸烟警语和标志。室外公共场所设置的吸烟区不得位于行人必经的通道上。公共场所不得设置自动售烟机。公共场所经营者应当开展吸烟危害健康的宣传，并配备专（兼）职人员对吸烟者进行劝阻。有禁烟或控烟地方法律法规规章的，按地方法律法规执行。

第三节 沐浴场所卫生执法监督管理

一、沐浴场所概念

沐浴场所是指向消费者提供沐浴等相关服务的经营性场所，包括浴场（含会馆、会所、俱乐部所设的浴场）、桑拿中心（含宾馆、饭店、酒店、娱乐城对外开放的桑拿部和水吧 SPA）、浴室（含浴池、洗浴中心）、温泉浴和足浴等。

二、沐浴场所主要卫生风险

沐浴是保持身体清洁所必需的人类活动，它同时还具有促进血液循环、增强代谢和消除疲劳等保健功能。目前，单纯洗澡功能的公共浴室越来越少，更多的场所具备了很多休闲、娱乐甚至健身的功能。沐浴方式可分淋浴、池浴、盆浴和蒸汽浴（桑拿浴）等。淋浴是既卫生又经济的良好洗浴方式；池浴由于多人共用同一浴池，易造成污染，引起皮肤癣、肠道传染病和性病等传染性疾病的传播和流行；蒸汽浴是一种健身型的洗浴方式，但有心脏病、糖尿病、肾病、高血压等疾病的患者不宜进行蒸汽浴。

1．沐浴用水污染 沐浴场所主要卫生风险就是沐浴用水污染。沐浴时人体皮肤长时间、大面积地直接与沐浴用水接触。如果沐浴用水（尤其是浴池水）受到致病微生物污染极易引起皮肤癣、阴道滴虫病、肠道传染病、寄生虫病和性病等传染性疾病的传播和流行。另外，温泉浴作为一种特殊的沐浴场所，其水质存在着其他污染：比如氡及其子体、病原微生物等。

2．室内空气污染 影响沐浴场所室内空气卫生质量的主要成分有一氧化碳、二氧化碳、致病微生物等。特别是一氧化碳，近几年来空气污染引发的公共场所危害健康事件多数是由一氧化碳引起的，因为目前有很大一部分的沐浴场所都使用锅炉烧热水，一旦浴室与锅炉房之间密封不严，其排放的一氧化碳等废气进入浴室内,加之浴室内通风设施不够,空气不流通,造成室内缺氧,极易导致浴室内人群一氧化碳中毒。同时,温泉浴空气中可因水体中相关物质的挥发导致其他污染:比如氡及其子体、硫化氢气体等。

3. 卧具及公共用品用具污染　沐浴场所内的公共用品用具主要包括浴巾、毛巾、垫巾、浴衣裤、拖鞋、饮具、修脚工具、洗脚容器等。这些公共用品用具与顾客密切接触并反复使用,容易受到污染。一旦清洗、消毒、保洁不规范将成为各种疾病传播的重要媒介。如各种传染性皮肤病、性病、沙眼、流行性出血性结膜炎、病毒性肝炎等。特别是修脚工具,很多场所仅使用酒精对修脚工具简单擦拭后重复使用,而修脚工具在使用中容易损伤皮肤或者指甲,造成破口,如果未清洗消毒到位,很可能会引起各种经血液传播疾病的传播,比如乙型肝炎等,存在严重的卫生隐患。

4. 从业人员　直接为顾客服务的从业人员若患有痢疾、伤寒、甲型病毒性肝炎、戊型病毒性肝炎等消化道传染病的人员,以及患有活动性肺结核、化脓性或者渗出性皮肤病等疾病的人员,可能通过空气、直接或间接接触导致上述疾病的传播。

5. 晕厥　沐浴场所内温度高、气压低,如通风不良可使空气中二氧化碳等含量增高。年老体弱者入浴时间较长可引起胸闷头晕,甚至发生晕厥。一旦发现此类事件应当迅速将晕厥者抬离现场,使其在安静、温暖的环境中呼吸新鲜空气;有条件时可给予吸氧,严重者应组织医护人员抢救。

6. 病媒生物危害　病媒生物指能直接或间接传播疾病(一般指人类疾病),危害、威胁人类健康的生物。最常见的病媒生物有:老鼠、蚊子、苍蝇、蟑螂,俗称"四害"。

三、沐浴场所卫生执法监督依据

与沐浴场所卫生执法监督相关的法律有《传染病防治法》。法规有《公共场所卫生管理条例》《突发公共卫生事件应急条例》等。规章有《公共场所卫生管理条例实施细则》《生活饮用水卫生监督管理办法》等。相关卫生规范有《沐浴场所卫生规范》《游泳场所卫生规范》等。相关卫生标准有《公共浴室卫生标准》(GB 9665—1996)、旅店业卫生标准(GB 9663—1996)、《理发店、美容店卫生标准》(GB 9666—1996)、《游泳场所卫生标准》(GB 9667—1996)、《生活饮用水卫生标准》(GB 5749—2006)、《二次供水设施卫生规范》(GB 17051—1997)、《人防工程平时使用环境卫生标准》(GB/T 17216—1998)、《室内空气质量标准》(GB 18883—2002)等;使用集中空调通风系统的沐浴场所还涉及《公共场所集中空调通风系统卫生规范》(WS 394—2012)、《公共场所集中空调通风系统卫生学评价规范》(WS/T 395—2012)、《公共场所集中空调通风系统清洗消毒规范》(WS/T 396—2012)等相关标准。

《沐浴场所卫生规范》是 2007 年原卫生部、商务部联合下发的规范性文件,该规范对沐浴场所的适用范围及用语含义,场所卫生要求、卫生操作要求、卫生管理、人员卫生要求等方面做了详细的要求和规定。同时,推荐了沐浴场所用品用具更换、洗涤、消毒、保洁方法和沐浴场所及设施、设备、工具清洁消毒方法。《沐浴场所卫生规范》发布施行为卫生执法监督部门开展沐浴场所日常卫生执法监督执法提供了有力的依据。

《公共浴室卫生标准》于 1988 年首次由原卫生部和国家技术监督局发布。1996 年,原卫生部和国家技术监督局对 1988 年的《公共浴室卫生标准》等公共场所卫生标准进行了修订并重新发布,是目前开展沐浴场所卫生执法监督许可和监管的主要依据之一。该标准规定了公共浴室的室温、空气质量和水温等标准值及其卫生要求。但是,由于颁布时间久,里面具体内容和要求相对比较简单,对于一些特殊的沐浴场所,如温泉浴、足浴及婴幼儿洗浴也没有涉及。

相关的地方性卫生标准和规范。如上海市颁布了《足浴服务卫生要求》、浙江省颁布了《足浴场所卫生规范》、广东和云南省颁布了《温泉旅游服务规范》等,这些地方性卫生标准和规范虽然效力各有不同,但也可以作为卫生执法监督执法的相关依据。

四、沐浴场所卫生要求

(一)选址、设计和竣工验收

1. 沐浴场所应选择远离污染源的区域。一般室外周围 25m 内不得有污染源,且不受粉尘、有害气体、放射性物质和其他扩散性污染源的影响。这里的污染源:是指可能对沐浴场所产生污染的有毒有害物质的来源,包括粪池、垃圾场、污水池、旱厕等。

2. 新建、改建、扩建的沐浴场所,在可行性论证阶段或设计阶段和竣工验收前应当委托具有资质的卫生技术服务机构进行卫生学评价。这项工作各省开展情况不一,卫生执法监督部门应按照所在省份卫生计生行政部门的相关规定开展。

(二)场所设置及布局要求

1. 沐浴场所应设有休息室、更衣室、沐浴区、公共卫生间、清洗消毒间、锅炉房或暖通设施控制室等房间。用锅炉房供热水的沐浴场所,其沐浴区应该远离锅炉房,防止锅炉房排放的废气进入沐浴区内。更衣室、沐浴区、公共卫生间分设男女区域,休息室单独设在堂口、大厅、房间等或与更衣室兼用。各功能区要布局合理,相互间比例适当,符合安全、卫生、使用要求。更衣室、浴区及堂口、大厅、房间等场所应设有冷暖调温和换气设备,保持空气流通。

2. 沐浴场所地面应采用防滑、防水、易于清洗的材料建造,墙壁和天顶应采用防水、无毒材料覆涂,内部装饰及保温材料不得对人体产生危害。

3. 使用燃气或存在其他可能产生一氧化碳气体的沐浴场所应配备一氧化碳报警装置。使用的锅炉应经质量技术监督部门许可。沐浴场所安装在室内的燃气热水器应当有强排风装置。池浴应配备池水循环净化消毒装置。

4. 更衣室应与浴区相通,配备与设计接待量相匹配的密闭更衣柜、鞋架、座椅等更衣设施,设置流动水洗手及消毒设施,更衣柜应一客一柜。更衣柜宜采用光滑、防水材料制造。休息室或兼做休息室的更衣室,每个席位不< 0.125m², 走道宽度不< 1.5m。

5. 浴区四壁及天顶应当用无毒、耐腐、耐热、防潮、防水材料。天顶应有相应措施,防止水蒸气结露。浴区地面应防渗、防滑、无毒、耐酸、耐碱,便于清洁消毒和污水排放,地面坡度应不< 2%,地面最低处应设置地漏,地漏应当有蓖盖。浴区内应设置足够的淋浴喷头,相邻淋浴喷头间距不< 0.9m,每10个喷头设一个洗脸盆。浴区通道合理通畅。浴区内不得放置与沐浴无关的物品。

(三)公共卫生间要求

1. 沐浴场所浴区内应当设置公共卫生间。公共卫生间的设计应符合卫生要求。

2. 公共卫生间内应配备水冲式便器,便器宜为蹲式,采用座式的宜提供一次性卫生座垫。

3. 公共卫生间内应设置流动水洗手设施。

4. 公共卫生间内应有独立的机械排风设施,排风设施不得与集中空调管道相通。

(四)消毒设施要求

1. 提供公用饮具的沐浴场所应设置专用的饮具清洗消毒间,专间内应有上下水,设有 3 个以上标记明显的水池,配备足够的消毒设备或消毒药物及容器,配备密闭饮具保洁柜并有明显标记。

2. 对浴巾、毛巾、浴衣裤等公用棉织品自行清洗消毒的沐浴场所应设置专用的清洗消毒间,专间内应有上下水,设有足够的清洗、消毒水池且标记明显,配备足够的清洗消毒设施或消毒药物及容器,配备毛巾、浴巾、垫巾、浴衣裤等专用密闭保洁柜且标记明显。提倡使用一次性浴巾、毛巾、浴衣裤等一次性用品。

3. 在沐浴场所适宜地点设置公用拖鞋清洗消毒处,配备足够的拖鞋清洗消毒设施或消毒药物及容器。

4. 在沐浴场所适宜地点设置修脚工具消毒点,配置专用的紫外线消毒箱或高压消毒装置对修脚工具进行消毒。

(五)供水设施

1. 有冷热水供应设备并有明显标志,给排水管道及阀门等设备安全可靠。

2. 沐浴场所为顾客提供的生活饮用水应符合《生活饮用水卫生标准》(GB 5749—2006),最好使用城市集中式供水的直供水。供顾客饮水的设备应当取得省级以上卫生计生行政部门许可批准文件,饮用水水质应符合《生活饮用水卫生标准》(GB 5749—2006)。

3. 沐浴用水水质、浴池水质温度、浊度应符合国家相应卫生标准的要求。

采用市政供水自行提供热水的沐浴场所浴池水质应该符合《公共浴室卫生标准》(GB 9665—1996)内浴池水的标准。采用二次供水设备供水的场所应符合《二次供水设施卫生规范》(GB 17051—1997)的要求,应对供水设备进行日常维护、清洗、消毒和保养。每年应供水设施进行一次全面的清洗、消毒,并对水质进行检测。二次供水蓄水池应加盖加锁,不得存在明显易受污染的隐患,地下蓄水池是关注重点。蓄水池每年至少清洗消毒 1 次,并有相应记录和清洗后水质检测合格报告。是利用自备供水的沐浴场所应提供自备供水水源的检测报告,应符合《生活饮用水卫生标准》(GB 5749—2006)卫生要求。

目前有很多沐浴场所停止使用燃煤锅炉、油锅炉、气锅炉等供热水,而改为向外购买热水的方式。对于这种供水方式,需要把握的原则是:

1. 严禁工业用水,如钢铁厂、化工厂或其他工业用水作为沐浴场所的原水。虽然这类工业用水经过处理后能当做"中水"再利用,但也仅限在浇洒道路、绿化、消防、车辆冲洗等行业中。如发现浴场使用这种水,一定要严加处理。

2. 沐浴场所外购热水的应索证管理。索证包括热电厂或热水供应站的营业执照和所供热水的检测合格报告。检测指标应按照《生活饮用水卫生标准》(GB 5749—2006),而非《公共浴室卫生标准》中浴池水的标准,因为这些余热水是原水,不是浴池水,有条件的做生活饮用水卫生标准全分析,没条件的可只做《生活饮用水卫生标准》(GB 5749—2006)常规项目。若非采用市政供水的作为原水的,应提供热水原水检测报告,检测报告应符合《生活饮用水卫生标准》(GB 5749—2006)全分析项目要求。

(六)通风设施

1. 沐浴场所应有良好的通风设施(新风、排风、除湿等),排气口应设置在主导风向的下风向,室内空气质量应符合国家有关卫生标准。使用集中空调通风系统的,集中空调通风系统应符合《公共场所集中空调通风系统卫生规范》等相关卫生标准的要求；使用非集中空调通风系统的机械通风装置，其进风口、排气口应安装易清洗、耐腐蚀并可防止病媒生物侵入的防护网罩。

2.如使用自然通风，应设有排气窗，排气窗面积为地面面积的5%。

（七）其他要求

沐浴场所室内应设有废弃物收集容器，有条件的场所宜设置废弃物分类收集容器。废弃物收集容器应使用坚固、防水防火材料制成，内壁光滑易于清洗。废弃物收集容器应密闭加盖，防止不良气味逸散及病媒生物侵入。

五、沐浴场所卫生操作要求

（一）公共用品用具的采购

公共用品用具是指沐浴场所提供顾客使用的、与顾客直接接触的物品，包括饮具、毛巾、垫巾、拖鞋、修脚工具等。采购沐浴场所使用的饮用水设备、消毒药剂、消毒设施、清洁杀虫药剂等用品用具应到证照齐全的生产厂家或经营单位购买，按照国家有关规定索取检验合格证、生产企业卫生许可证或有关产品卫生许可批件。沐浴场所应按照最大设计接待容量1∶3的比例配备浴巾、毛巾、浴衣裤等公共用品用具。

（二）公共用品用具的清洗、消毒

对供顾客使用的浴巾、毛巾、浴衣裤等棉织品、公共饮具、公用拖鞋、修脚工具应严格做到一客一换一消毒，禁止重复使用一次性用品用具。棉织品、公共饮具、拖鞋应分别在不同清洗消毒专间内清洗消毒。外送清洗公共用品用具的，应选择有资质、信誉好的清洗单位进行清洗，双方签订协议，日常清洗应有交接单，并由双方签字。另外，对于足浴场所除了其他一般的公共用品用具外，应特别重视修脚工具的清洗消毒。因此卫生执法监督部门应该指导经营单位配备正确的消毒设施和正确的消毒方法，比如专用的紫外消毒箱、高压消毒装置等对修脚工具进行消毒，同时应该增加修脚工具的配备数量，如《浙江省足浴场所卫生规范》中就提到修脚工具的配备数量不低于6套/修脚师。有条件的可使用一次性的修脚工具。其次应该加强足浴用容器的清洗消毒，严格做到一客一消毒。目前虽然很多足浴场所都会采用一次性的塑料薄膜，并一客一换，大大降低了因足浴桶污染而引起传染病传播的风险。但是，由于有些一次性的塑料薄膜质量不好，很薄易破，还是有一定的风险，卫生执法监督部门还应该要求一客一消毒。对于婴幼儿浴室，除了其他一般的公共用品用具外，应注意游泳圈、戏水玩具的清洗消毒。

（三）公共用品用具的储藏

经清洗消毒后的各类用品用具应达到公共场所用品卫生标准并保洁存放备用。

（四）浴池水净化消毒

沐浴场所设有浴池的，其浴池水应有循环过滤、消毒设置设备。浴池每天至少补充 2 次新水，每次补充水量不少于池水总量的 20%。可以要求浴池安装独立的水表，然后再根据浴池的容量计算出每天需要补充的新水，就可以按照水表上的用水量来判断该浴池是否满足每天补充 2 次新水以上，每次补充水量不少于池水总量的 20% 的换水要求。

浴池在每天停业后应将水排除并清洗消毒。其水质应符合国家《生活饮用水卫生标准》（GB 5749—2006）。

（五）沐浴场所的清洗消毒

沐浴场所的地面、墙面、水龙头、座椅、茶几等应经常清扫或擦洗。同时根据相关要求对顾客经常使用或触摸的物体表面、更衣箱、公共卫生间、垃圾箱（桶）、浴池、浴盆、洗脸盆、擦背凳及擦背工具等进行清洗消毒。使用集中空调通风系统的，应对集中空调通风系统进行检测或评价，检测或评价不合格的应及时清洗消毒。

（六）设备设施维护

沐浴场所应当定期对清洗消毒、保暖通风、冷热水供应等设备设施进行检查和维修，做好检查、保养和维修的记录。发现问题及时检修，发生故障时应采取应急处理措施，确保各类设施设备正常运行，保持良好状态。

六、沐浴场所卫生执法监督和管理

（一）证照管理要求

沐浴场所营业前应取得有效的公共场所卫生许可证并悬挂在场所醒目处；直接为顾客服务的从业人员应取得有效的健康合格证明。健康相关产品卫生许可批件或备案文件复印件真实完备。

（二）卫生管理要求

沐浴场所的法定代表人或负责人是其经营场所卫生安全的第一责任人，对其经营场所卫生安全负全面责任，应接受卫生计生行政部门组织的卫生知识培训。沐浴场所经营者应设置卫生管理部门或配备专（兼）职卫生管理员，负责其经营场所卫生管理具体工作。沐浴场所经营者要建立健全卫生管理制度，设立卫生管理部门或配备专职（兼）卫生管理人员，并建立卫生管理档案。卫生管理档案包括：

1. 卫生管理部门、人员设置情况及卫生管理制度　其中卫生管理制度包括证照管理制度；从业人员健康检查、卫生知识培训考核及个人卫生制度；公共用品用具购买、验收、储存及清洗消毒保洁制度；场所自身检查与检测制度；集中空调通风系统卫生管理制度；公共场所危害健康事故与传染病报告制度；预防控制传染病传播应急预案与健康危害事故应急预案；卫生档案管理制度；设施设备维护保养制度。沐浴场所应建立健全卫生管理制度，并对制度落实情况进行经常性检查。

2. 空气、微小气候（湿度、温度、风速）、水质、采光、照明、噪声的检测情况。

3. 顾客用品用具的清洗、消毒、更换及检测情况。

4. 卫生设施的使用、维护、检查情况。

5. 集中空调通风系统的清洗、消毒情况。

6. 安排从业人员健康检查情况和培训考核情况；这其中应包括从业人员因患有有碍公众健康疾病调离直接为顾客服务岗位的记录。

7. 公共卫生用品进货索证管理情况。

8. 公共场所危害健康事故应急预案或者方案等。

9. 卫生操作规程。

10. 公共用品用具采购、验收、出入库、储存记录。

11. 其他相关材料 包括预防性建筑设计审核文件，集中空调通风系统竣工图纸及投诉与投诉处理记录等。

各项档案中应有相关人员的工作记录并签名，档案应有专人管理，各类档案记录应进行分类并有目录，有关记录至少应保存两年。

（三）从业人员卫生要求

沐浴场所直接为顾客服务的从业人员（包括临时工和实习人员等）上岗前应当取得"健康合格证明"。直接为顾客服务的从业人员应每年进行健康检查，取得"健康合格证明"后方可继续从事直接为顾客服务的工作。"健康合格证明"不得涂改、伪造、转让、倒卖。直接为顾客服务的从业人员若检查出患有痢疾、伤寒、甲型病毒性肝炎、戊型病毒性肝炎等消化道传染病，以及活动性肺结核、化脓性或者渗出性皮肤病等疾病，应调离其直接为顾客服务的岗位。对怀疑患有以上疾病的从业人员，应先调离其直接为顾客服务的岗位，并到有关医疗机构进行检查，确诊患有以上疾病的，治愈前不得从事直接为顾客服务的工作。

沐浴场所经营者应当建立卫生培训制度，组织从业人员学习相关卫生法律法规、基本卫生知识和卫生操作技能等。

从业人员应保持良好的个人卫生，不留长指甲，勤剪发、勤修甲、勤洗澡、勤换衣，饭前便后、工作前后洗手。工作时不得涂指甲油及佩戴饰物，操作过程中严格洗手消毒，保持工作服整齐干净。

（四）禁浴要求

沐浴场所入口醒目位置应设有禁止性病和传染性皮肤病（如疥疮、化脓性皮肤病、真菌引起的皮肤病等）等患者就浴的明显标志。

(五)场所卫生检测要求

沐浴场所经营者应当按照卫生标准、规范的要求对场所的空气、微小气候、水质、采光、照明、噪声、顾客用品用具等进行卫生检测,检测每年不得少于一次;检测结果不符合卫生标准、规范要求的应当及时整改。经营者不具备检测能力的,可以委托有检测能力的公共场所卫生技术服务机构开展检测。

(六)卫生信息公示要求

沐浴场所经营者应当在醒目位置如实公示公共场所卫生许可证、公共场所卫生信誉度等级标识、场所卫生检测结果。

(七)禁烟

沐浴场所室内禁止吸烟。沐浴场所经营者应当设置醒目的禁止吸烟警语和标志。室外场所设置的吸烟区不得位于行人必经的通道上。公共场所不得设置自动售烟机。沐浴场所应当配备专(兼)职禁烟劝阻员,并在大厅、过道、沐浴区、公共卫生间等设置明显的禁止吸烟警语和标志。

公共场所经营者应当开展吸烟危害健康的宣传,并配备专(兼)职人员对吸烟者进行劝阻。有禁烟或控烟地方法律法规规章的,按地方法律法规执行。

(八)其他

沐浴场所不得从事医疗行为或宣传医疗作用和效果。检查中发现,沐浴单位擅自从事医疗美容和以中医为名的非法医疗活动仍然存在。很多足浴场所宣传有治疗灰指甲、脚癣等行为。同时,沐浴场所提供的食品、化妆品、足浴用材料等应当符合国家有关标准和规定的要求。

第四节 游泳场所卫生执法监督管理

一、游泳场所的概念及适用范围

游泳场所是指供人们在水中进行运动、健身、戏水、休闲等各种活动的场所,卫生执法监督主要针对私家游泳池之外的各种公共游泳馆、戏水乐园以及对特定人群开放的俱乐部及会所中的游泳场所。

二、游泳场所主要卫生风险

(一)游泳场所的卫生学特点

1. 游泳者人数较多、人与人之间接触频繁。
2. 人群流动性与季节性密切相关。
3. 游泳池既是休闲健身的载体,又是影响人体健康的媒介。
4. 存在短期危害和长期效应。

5. 卫生状况与管理水平和设施设备密切相关。

6. 水质会在短时间内发生变化,有的变化可逆,有的变化不可逆。

7. 池水是个不断浓缩、不断稀释的过程。

(二)游泳场所主要卫生风险

1. 游泳池水污染　游泳池水中的污染物主要来源有两部分:一是泳客带入,如身体分泌的油脂、汗液、尿液、头屑、皮屑、各种化妆品、细菌、病毒、寄生虫等;二是水处理化学药剂带入:如氰尿酸、各种消毒副产物如二氯胺、三氯甲烷等,这些物质需要通过过滤、氧化、消毒等措施进行处理,并通过补充新水进行稀释,选择合理的水处理药剂可以减少某些物质的产生。水质的各种指标会在短时间内发生变化,且不易被察觉,有的变化可逆,有的变化不可逆。系统设计或运行管理存在缺陷时水质存在潜在风险。池水中的病原微生物和化学药品的副产物会对人体健康产生影响。水源选取不当对池水水质产生不利的影响:必须采用城镇自来水,如采用非城镇水源时,应将其进行适当的处理,以达到《生活饮用水卫生标准》(GB 5749—2006)的要求。化学药品库、消毒设备间管理和设置不当。单纯依靠余氯指标判定水质是否合格存在一定的风险。曾多次遇到余氯检测合格,但微生物超标的情况。单纯使用臭氧或银铜离子、滥用除藻剂也存在风险。另外,也存在人工投加消毒药剂造成的池水余氯含量不稳定问题。

2. 室内空气卫生质量　影响游泳馆内空气质量的主要因素包括:消毒副产物如三氯胺 NCl_3(三氯化氮)、三氯甲烷,泳客产生的二氧化碳、池水蒸发形成的湿度。室内游泳池的空气质量是很重要的,这就要求通风系统设计合理,并有适当的新风对空气中的污染物进行稀释。游泳池大厅内空气的温度、湿度和空气的流速应适当,以给场馆工作人员和游泳者提供一个舒适的环境。

三、游泳场所卫生执法监督依据

1.《中华人民共和国传染病防治法》(2004 年 12 月 1 日)

2. 国务院《公共场所卫生管理条例》(1987 年 4 月 1 日)

3.《公共场所卫生管理条例实施细则》(2011 年 5 月 1 日卫生部令第 80 号)

4.《突发公共卫生事件应急条例》(2003 年 5 月 9 日国务院令第 376 号发布)

5.《艾滋病防治条例》(2006 年 1 月 29 日国务院令第 457 号发布)

6.《游泳场所卫生标准》(GB 9667—1996)和《公共场所集中空调通风系统卫生规范》(WS 394—2012)等相关卫生标准

7.《游泳场所卫生规范》(2007 年 6 月 21 日卫生部、国家体育总局)

8. 相关的地方性法律法规及卫生标准和规范

四、游泳场所的卫生要求

（一）选址要求

新建游泳场所应结合城市远景规划，场址应选择在远离工业污染源发带，同时也应避免游泳场对周围干扰。

（二）设置及布局要求

使用中的或新建、改建、扩建游泳池必须具有循环净水和消毒设备，采用氯化消毒时应有防护措施。游泳池池壁及池底应光洁不渗水，呈浅色。池外走道不滑易于冲刷，走道外缘设排水沟，污水排入下水道。通往游泳池走道中间应设强制通过式浸脚消毒池（池长不 < 2m，宽度应与走道相同，深度20cm。人工游泳池内设置儿童涉水池时不应与成人游泳池连通，并应有连续供水系统。

（三）公共卫生间卫生要求

游泳场所应分设男女更衣室、浴淋室、厕所等。淋浴室每 30~40 人设一个淋浴喷头。女厕所每 40 人设一个便池，男厕所每 60 人设一个大便池和两个小便池。其污水排入下水道。

（四）通风、照明与水质

室内游泳池采光系数不低于 1/4，水面照度不低于 80lx。夜间人工照明，距离水面 1m 高度的平面照度不低于 180lx。游泳馆内的空气质量主要考虑消毒副产物对呼吸、眼睛的刺激，刺激性气体是氯与水中的有机物质反应形成的三氯胺（三氯化氮）NCl_3 造成的，三氯胺是气态物质，对呼吸和眼睛有刺激，控制池水中氯胺浓度可减少三氯胺的生成。游泳馆的空气湿度较大，湿度大不仅造成场馆设备设施的腐蚀，而且使人感到气闷，有条件的地方应控制空气湿度，空气湿度应控制在 60%~70% 范围内。游泳馆应按照空调设计使用要求，加强新风送风量，目前游泳馆新风量不足主要不是设计问题，而是新风会造成加热和除湿负荷的增加，管理者为节省成本而减少通风设备的运行。

（五）水质要求

游泳池的水质应达到《游泳场所卫生标准》（GB 9667—1996）的要求，参考《公共场所卫生标准》（报批稿）建议游泳池水质着重检查下述指标：

1. 浑浊度　泳池水质核心指标之一，浊度高会影响安全性：救生员看不清水下状况，会影响安全性；同时，浊度高给泳客的直觉是池水脏；此外，病菌大多是附着在悬浮物上，低浊度水意味着绝大多数病菌被滤除，这不仅提高了池水的卫生性，而且可以较大幅度降低消毒剂的用量。

2. 氧化还原电位（ORP）　ORP 值是水中各种氧化型消毒剂氧化活性的总

和,包括次氯酸、氯酸根、臭氧等物质,是衡量游泳池水质最重要的综合指标。当 ORP 值高于 700mV 时,说明池水氧化消毒能力较强,此时,池水呈现淡蓝色,池水清澈透明,空气及水对人无刺激。当池水 ORP 值低于 650mV 时,表明池水氧化消毒能力变差,需要查找具体原因。

3. 氰尿酸　使用二氯异氰尿酸钠或三氯异氰尿酸消毒剂时,消毒后池水中会残留大量氰尿酸,每投加 1000g 三氯异氰尿酸,会产生 556g 氰尿酸,这种物质非常稳定,不仅对人体健康有害,而且会"锁定"氯,即使用 DPD(N,N-二乙基对苯二胺)或 OTO(邻联甲苯胺)余氯检测方法时,余氯值合格,实际这些氯被锁定,并未释放出来用于氧化消毒。调查表明,50% 以上游泳池水质问题是氰尿酸残留造成的。当池水中含有 20mg/L 的氰尿酸时,DPD 或 OTO 法检测余氯值需达到 1.5mg/L,氧化消毒效果才能达到无氰尿酸时 0.3mg/L 的效果;氰尿酸 40mg/L 时,需 2mg/L 的余氯才能达到无氰尿酸 0.3mg/L 效果。而一个游泳池使用三氯异氰尿酸超过一个月,池水中氰尿酸就可能超过 40mg/L,因此,室内泳池不应使用三氯异氰尿酸或二氯异氰尿酸钠,而应使用次氯酸钠溶液进行消毒。室外游泳池由于阳光中的紫外线会分解氯,而氰尿酸具有锁定氯的功能,因此,室外泳池可使用次氯酸钠和三氯异氰尿酸交替消毒,此时,池水中氰尿酸控制在 40mg/L 以下,同时注意控制池水 ORP 维持在 650mV 以上。

4. 游离性余氯　游泳池余氯应控制在 0.3~0.5mg/L 之间,有臭氧消毒的泳池可取低值,无臭氧消毒或室外泳池取高值。当前许多游泳池存在的一个常见问题是人工间断投加消毒剂,池水中的氧化消毒剂浓度忽高忽低,不能保证氧化消毒效果,产生许多不良后果。游泳池消毒剂的投加应实现水质监测仪控制下的自动投加,只有这样,才能使池水维持连续消毒性。

5. 化合性余氯　当池水的氧化性不足或池水中氨的浓度较高时,氯会与池水中的氨反应生成化合性余氯(主要成分是一氯胺、二氯胺和三氯胺,其中的三氯胺对人体有刺激),化合氯应控制在小于 0.4mg/L,越低越好。池水 ORP 持续维持在 700mV 以上,可以降低池水中化合氯含量,或安装尿素及有机物去除装置,可更好降低化合氯含量。

6. pH 值　池水的 pH 值偏高不仅会影响氯的消毒效果,而且会出现结垢现象;偏低会腐蚀设备和池体结构。

7. 尿素　尿素主要是由尿液和汗液带入的,尿素超标说明水中溶解性有机物高,说明换水量太少,需要加大换水量,室内游泳池建议按每人次不少于 30L 补水考虑,或按每天补水量为池水容积的 5%~10% 计算,使用尿素及有机物分解设备也可减少补水量。尿液和汗液中含有的尿素及氨与氯反应后生成的三氯胺,对人的皮肤、黏膜及器官具有较强的刺激和毒害作用,是反映游泳池水质污染程度的一个重要的指标。国家标准规定,游泳池中尿素含量不得超过 3.5mg/L。

五、游泳场所的卫生操作要求

(一)游泳池水净化消毒

游泳池的水质好坏取决于过滤及消毒效果,过滤设备应做到 24 小时连续运行,池水浊度在 0.3NTU 以上时(即池水浊度较高),过滤设备应能将出水浊度降低 30% 以上,对于石英砂过滤器,如果出水浊度降低不够,则需要投加絮凝剂,如果投加絮凝剂还不能降低出水浊度,则需要检查是否滤料有问题。硅藻土过滤器正常工作时,应能达到这一要求。

池水中的消毒剂浓度应维持在标准要求的范围内,不要忽高忽低,建议由水质监测仪表控制自动投加。

当池水净化消毒达到标准时,池水浊度应在 0.5NTU 以下、ORP 值在 650mV 以上(最好达到 700mV 以上)、余氯在 0.3~1.0ppm 之间,pH 值在 7.0~7.8(最好在 7.2~7.6)之间

(二)游泳场所清洗消毒

游泳场所的通道及卫生设施应保持清洁无异味并应定期消毒。浸脚消毒池水的余氯含量应保持 5~10mg/L,须 4 小时更换一次。儿童涉水池连续供给的新水中余氯浓度应保持 0.3~0.5mg/L。人工游泳池在开放时间内应每天定时补充新水,保证池水水质有良好的卫生状况。

(三)设施设备维护

游泳馆处于高温高湿且有氧化型药剂的环境之中,通风设备的正常运转对场馆设施设备的损坏和正常使用起着至关重要的作用,游泳馆设备设施的维护首先是场馆和机房通风除湿设备的维护,通风正常可以大幅度降低设备设施的维护工作量。因此,应首先保证通风设备的正常运转。执法监督检查时发现,不少游泳场馆的水质在线监测仪表的维护工作不到位,所检测的数据与实际相差较远,其原因在于没有对水质监测仪表进行定期校验和更换。水质在线监测仪表的探头会随着工作时间的延长发生老化,数据会出现漂移,因此,pH 和 ORP 探头每 3 个月应标定一次,根据产品质量的不同,每 1~2 年应对 pH 和 ORP 探头进行更换。

1. 硅藻土过滤器　硅藻土过滤器占地面积小、过滤精度高、使用成本低,但许多硅藻土过滤器由于设计和产品结构问题,使用会出现滤布堵塞和滤芯变形损坏问题,此时,需要将设备拆解进行人工清洗和更换,这是某些硅藻土过滤器失效的主要原因,因此,应注意选用滤芯强度高和具有滤芯在线清洗功能的硅藻土过滤设备。

2. 石英砂过滤设备 石英砂过滤设备存在的主要问题是：反冲洗强度不够，造成石英砂板结，过滤失效；或者长时间不换砂，游泳馆的石英砂随着使用时间的加长，会磨损粉化，一般情况下，使用时间不应超过 5 年；或者石英砂粒径选择出错，石英砂滤料过粗过滤效果差，过细阻力大，因此，正确的选择范围在 0.5~1.2mm 之间。

3. 加药设备 根据游泳池水处理设计规程的要求，游泳池应使用次氯酸钠作为长效消毒剂进行消毒，因此，现在大多数游泳馆配备的加氯设备是投药计量泵，但在实际使用过程中，很多游泳馆使用三氯异氰尿酸或次氯酸钙，这两种药会堵塞加药管路，造成设备无法使用。因此，建议室内游泳馆改用次氯酸钠进行消毒，以保证消毒效果。投加 pH 调节剂和絮凝剂的投药计量泵出现故障的概率较小。游泳池应使用聚合氯化铝或硫酸铝钾（俗称明矾）作为絮凝剂，将其配制成水溶液通过投药计量泵投加，投加点设在循环水泵前。

4. 臭氧发生器 臭氧具有很强的氧化性和消毒效果，但其对环境条件要求高（环境温度不超过 30℃，相对湿度不超过 70%）、维护保养频率较高，检查发现，超过半数的游泳馆臭氧设备处于停用状态，应鼓励场馆发挥臭氧的作用。符合条件的使用环境能减少设备的故障率、降低维护成本。

5. 次氯酸钠发生器 游泳馆特别是公共游泳馆应使用次氯酸钠进行消毒，其特点是消毒效果比三氯异氰尿酸或二氯异氰尿酸钠好、不含稳定剂、价格低，便于实现自动投药。次氯酸钠发生器结构简单、故障率低、使用成本低，使用盐电解产生次氯酸钠，有些高端电解设备在产生次氯酸钠的同时还能产生臭氧、羟基等产物，是游泳池消毒的方向。这类产品在使用时应注意防止电极板上结垢，极板上一旦结垢，会影响消毒剂的产率，通过使用软化水或倒板，可以避免结垢现象。同时注意根据游泳池消毒特点，次氯酸钠发生器的盐耗应低于 2.5。

六、游泳场所的卫生执法监督和管理

（一）卫生管理组织和制度要求

游泳场馆的法定代表人或者负责人是其经营场所卫生安全的第一责任人。经营者应当设立卫生管理部门或者配备专（兼）职卫生管理人员，具体负责本公共场所的卫生工作，建立健全卫生管理制度和卫生管理档案。

（二）证照管理要求

国家对游泳场馆实行卫生许可证管理。游泳场馆经营者应当按照规定向县级以上地方人民政府卫生计生行政部门申请卫生许可证。未取得卫生许可证的，不得营业。游泳场馆卫生许可证有效期限为 4 年。卫生许可证应当在经营场所醒目位置公示。经营者变更单位名称、法定代表人或者负责人的，应当向原发证卫生计生行政部门办理变更手续。经营者变更经营项目、经营场所地址的,应当向县级以上地方人民政府卫生计生行政部门重新申请卫生许可证。

(三)卫生管理档案要求

经营者应当建立健全卫生管理制度和卫生管理档案。卫生管理档案应当主要包括卫生管理部门、人员设置情况及卫生管理制度;空气、微小气候(湿度、温度、风速)、水质、采光、照明、噪声的检测情况;顾客用品用具的清洗、消毒、更换及检测情况;卫生设施的使用、维护、检查情况;集中空调通风系统的清洗、消毒情况;安排从业人员健康检查情况和培训考核情况;公共卫生用品进货索证管理情况;公共场所危害健康事故应急预案或者方案;省、自治区、直辖市卫生计生行政部门要求记录的其他情况。公共场所卫生管理档案应当有专人管理,分类记录,至少保存两年。

(四)从业人员的卫生要求

经营者应当建立卫生培训制度,组织从业人员学习相关卫生法律知识和公共场所卫生知识,并进行考核。考核不合格的,不得安排上岗。经营者应当组织从业人员每年进行健康检查,从业人员在取得有效健康合格证明后方可上岗。患有痢疾、伤寒、甲型病毒性肝炎、戊型病毒性肝炎等消化道传染病的人员,以及患有活动性肺结核、化脓性或者渗出性皮肤病等疾病的人员,治愈前不得从事直接为顾客服务的工作。

(五)禁泳要求

严禁患有肝炎、心脏病、皮肤癣疹(包括脚癣)、重症沙眼、急性结膜炎、中耳炎、肠道传染病、精神病等患者和酗酒者进入人工游泳池游泳。禁止出租游泳衣裤。应设立红眼病检查岗。泳客在池中呕吐、腹泻时,有可能是寄生虫感染造成的,此时应停止泳池开放,投加大剂量氯(10ppm)进行消毒并循环24小时后,才可再次对社会开放。

(六)场所卫生检测要求

公共场所经营者应当按照卫生标准、规范的要求对公共场所的空气、微小气候、水质、采光、照明、噪声、顾客用品用具等进行卫生检测,检测每年不得少于一次;检测结果不符合卫生标准、规范要求的应当及时整改。公共场所经营者不具备检测能力的,可以委托检测。游泳池水质检测分为在线和人工检测,检测点一般在滤前。人工检测建议包括浑浊度、余氯(DPD法)、化合性余氯、尿素、氰尿酸(使用三氯异氰尿酸或二氯异氰尿酸消毒时)。

(七)卫生信息公示要求

公共场所经营者应当在醒目位置如实公示水质检测结果。

第五节　其他公共场所卫生执法监督管理

一、文化娱乐场所

(一)概念和适用范围

文化娱乐场所是供人们进行文化娱乐活动的场所。人们在工作之余,通过参加各种娱乐活动,可以获得文化艺术享受,并达到调节精神、解除疲劳、振奋精神的目的。卫生条件良好的娱乐场所,有助于增进人们的身心健康,反之达不到娱乐和休息的目的,反而会危害身体健康,甚至引起疾病的传播。因此,必须做好文化娱乐场所的卫生执法监督和管理工作,改善和提高娱乐场所环境质量,使之更好地服务于社会主义的物质文明和精神文明建设。

文化娱乐场所包括影剧院、录像厅(室)、游艺厅(室)、舞厅、音乐厅等。

(二)卫生学特点和主要风险

影响文化娱乐场所卫生状况的因素主要有空气质量、微小气候和噪声等指标。

1. 室内的空气质量

(1)二氧化碳:二氧化碳浓度的高低是评价文化娱乐场所室内环境质量的一项主要指标。文化娱乐场所二氧化碳的来源主要是人的呼吸和吸烟。如舞客在舞池剧烈活动时每人每小时可呼出二氧化碳 36~38L,如果厅内通风不良、人数较多时,二氧化碳浓度可达到 0.5%~0.6%,超过国家卫生标准要求。

(2)一氧化碳:文化娱乐场所空气中一氧化碳主要来自吸烟和场外污染空气。人员密集加上吸烟,一氧化碳浓度可高达 $50mg/m^3$。

(3)病原微生物:在文化娱乐场所空气中存在着各种病原微生物,如飘浮在空气中的流感病毒、乙型肝炎病毒颗粒、结核分枝杆菌、脑膜炎双球菌等。根据影剧院监测发现,细菌超标率高达 57.2% 以上,空气中细菌总数可高达 103 万个 $/m^3$,超过国家卫生标准 250 多倍;链球菌检出率达 34%,并检出乙型肝炎表面抗原。

(4)可吸入颗粒物:文化娱乐场所观众厅空气中可吸入颗粒物的含量主要取决于人群流动状态和地面清扫方式。卫生标准规定影剧院可吸入颗粒物不超过 $0.20mg/m^3$。

文化娱乐场所由于人群流动及运动量大,细菌污染较严重。此外,可吸入颗粒物污染也可随消费的人数及活动量的增加而污染加重。

2. 微小气候　文化娱乐场所的微小气候对人体的热平衡过程影响较大,如果厅内温度和湿度过高,可使人感到不适,甚至头晕、烦躁,严重的可发生中暑。温度和湿度太低,可使人的机体代谢功能降低,毛细血管收缩,呼吸道抵抗力下降,容易引起上呼吸道炎症。舞厅相对湿度应为 40%~65%;温度冬季不得低于 18℃,夏季室温在 30℃ 以上时应使用空调,将室温降至 24~28℃ 之间。

适宜的风速有促进空气对流和人体蒸发散热的作用,可清除或降低空气中二氧化碳和细菌含量。国家卫生标准规定舞厅风速为 < 0.3m/s。

3. 噪声因素　文化娱乐场所的噪声主要来源于音响设备或乐队。据调查。许多舞厅的噪声往往超过卫生标准,甚至高达 90dB(A)以上。舞厅的噪声是人为控制的,只要采取切实有效措施,完全可以控制噪声的污染。

(三)卫生执法监督依据

《中华人民共和国传染病防治法》《公共场所卫生管理条例》《公共场所卫生管理条例实施细则》、国家卫生计生委相关规范性文件、地方性法规规章、《文化娱乐场所卫生标准》(GB 9664—1996)等。

(四)卫生及操作要求

1. 文化娱乐场所建筑设计卫生

(1)选址:文化娱乐场所应选择在市、镇中心区和居民区,有合理的服务半径,交通方便;最好有 15% 的绿化用地,并有足够面积的停车场和宽畅的车道;应尽量避开铁路线、机场和噪声较大的工厂。厂矿附近或厂矿系统内部的影剧院,应设置在工业废气污染源常年主导风向的上风向,并有一定的卫生防护带。

(2)设计卫生要求:

1)平面布置:门厅、休息厅、观众厅、后台、放映室、厕所、售票处、办公室等布局要合理,并符合卫生要求。

观众厅的长度和高度:影剧院观众厅长度,普通银幕应小于幕宽的 6 倍,宽银幕应小于幕宽的 3 倍,70mm 宽胶片立体声影院应小于幕宽的 1.5 倍。剧场舞台的高度为 0.8~1.1m。

2)座位:座位应舒适,出入方便,视线畅通。

座位结构:座位宽应为 > 50cm,座高应为 43~47cm。

座位排距:短排法应为 > 80cm,长排法应为 > 90cm,楼上排距应为 > 85cm。

地面坡度:楼下每排升高 6cm,楼上每排升高 12cm。

座位与银幕的距离:第一排座位至银幕的距离应大于普通银幕幕宽的 1.5 倍,宽银幕幕宽的 0.76 倍,70mm 宽立体声影院幕宽的 0.6 倍。

座位与舞台的距离:剧院头排到舞台的距离应为 0.8~1.2m。座位视角:①联线夹角:普通银幕边缘和对侧第一排边缘的连线与银幕的夹角应 > 45°;宽银幕边缘和后排中心点连线与银幕至对侧第一排的夹角不 > 45°。②仰视角:第一排座位观众仰视银幕上缘的视线与银幕夹角不应<50°,否则会造成仰头观看引起颈部肌肉疲劳。③俯视角:楼上后排座位俯视银幕下缘的最大俯视角不>25°、楼上后座侧边的最大俯视角不>35°。

舞厅平均每人占有面积不少于1.5m^2,舞池内每人占有面积不少于0.8m^2,音乐茶座、酒吧、咖啡室等每人占有面积不少于1.25m^2。舞厅厅顶墙壁应有防震设备,地面应平整光滑。

3)银幕:银幕的高宽比例:窄银幕为1∶1.38,适用于普通和黑白电影放映;宽银幕有1∶2.35、1∶2.55、1∶2.0,前两种适用于各种宽银幕电影,后一种适于全景电影放映;立体电影银幕高宽比例有1∶2.35和1∶2.55两种。

银幕反射种类:①扩散性反射银幕:有高度的反射能力,放映时全体观众都能看到相同的银幕亮度;②方向性反射银幕:玻璃银幕适用于较窄的观众厅,金属光栅银幕适用于宽银幕电影院;③透射银幕:适用于露天及白昼电影院,放映机在银幕后面。

银幕的亮度:亮度标准的卫生学依据:①图像亮度应在最大限度地减轻视力负担的条件下,使观众具有分辨图像物体层次和解像能力;②对影片物体的色彩微差有分辨能力;③考虑到人眼在放映机遮光器所造成输出光通最明亮交替48次/秒的条件下,不易被察觉这一要求;④对电影图像亮度要求,银幕面积大,亮度可低些,银幕面积小亮度则可高些;⑤银幕亮度的调整,以人眼在光亮度增加一倍或减少1/2时方能感知为根据。

4)通风:自然通风:适合于800个座位以下的影院和录像厅。观众厅应有排风孔道、风帽、地脚窗,还应有良好的过堂风形成,以利于室内污浊空气排出。

机械通风:观众厅在800个座位以上的影剧院均应有机械通风。一般采用排出式,夏季采用送入式,总风量每人每小时不低于50m^3。

空调:利用机械通风制冷、制热装置调节室温时,应注意新风量的补充。利用空调补入新风量每人每小时按10~30m^{3}计算。

由于二氧化碳较空气重,回风道应设在观众厅墙壁的下方或舞台下。已经降温的新风入口应设在上方,送风应保证均匀。

放映室最好单独设空调,以保证适宜的温度,防止放映机工作时产生的氮氧化物等有害气体进入观众厅,影响放映人员和观众。

5)照明:影剧院人工照明非常重要。银幕及舞台足够的照度可以保证观众的视力识别速度和明视持久力,观众厅、休息厅、大厅等处应有适宜的照度以适应观众眼睛暗适应的需要。国家卫生标准规定:电影院、音乐厅、录像室的前厅照度不低于40lx;观众厅(空场)不低于10lx;剧场前厅不低于60lx;影剧院休息厅不低于40lx。并规定影剧院以及录像厅开始放映时,观众厅照度应逐渐减弱,变暗时间不少于30秒。

6）声音：影剧院声学设计要求观众厅内声音分布均匀，使每个观众都感到有足够的语言清晰度，并能够消除回声和噪声。

舞厅厅顶墙壁应有吸声设备。

7）辅助用室：合理安排休息室、化妆室的布局。鼓风机房、空调机房应有防震、隔声、吸声设施，并应符合卫生标准要求。

8）厕所：根据文化娱乐场所卫生标准和相关建筑设计规范要求，厕所大便池按男 150 人一个，女 50 人一个设置（男女比例 1∶1 时，男女蹲位比例为 1∶3）；小便斗每 40 人设一个（小便槽以 50cm 折合一个小便斗）。每 200 人设一个洗手盆。厕所应有单独通风设施，厕所门净宽不＜1.4m，应安装双向门。

2．文化娱乐场所的卫生管理要求

（1）建立健全卫生管理制度，经常保持室内外环境整洁。

（2）保持观众厅清洁，采用湿式清扫；观众及工作人员不得将不洁物或有碍公共卫生的物品携入场（厅）内。

（3）控制场次间隔，每场间隔时间不得少于 30 分钟，其中空场时间不得少于 10 分钟。换场时应全部打开门窗进行通风换气。

（4）呼吸道传染病流行时，应对室内空气和地面进行消毒。

（5）有空调的影剧院要保证新风量不低于 $20m^3/(人·h)$。

（6）立体影剧院供观众使用的眼镜，每场使用后须用紫外线消毒。

（7）做好防蚊、灭蝇、灭鼠工作。注意防止舞台下积水产生蚊虫孳生地。

（8）观众厅内严禁吸烟。

（9）厕所应保持无污垢、无异味。

（10）舞厅地面严禁使用滑石粉。

（11）严格限制超员。

（12）从业人员应定期进行健康检查，领取健康合格证明并经卫生知识培训合格后方可上岗工作。

3．文化娱乐场所的消毒

（1）空气消毒：观众厅、舞厅、休息厅等应定期进行消毒，尤其是呼吸道传染病流行季节更应加强消毒。平时可用中草药空气消毒清新剂进行喷雾，使用剂量按 $45m^3$ 容积一次喷射 5～6 秒计算。

0.04%～0.4% 过氧乙酸溶液进行气溶胶喷雾消毒，喷出雾滴越细越好，最好使用超低容量喷雾器。

2% 漂白粉溶液喷洒后作湿性扫除，但应注意勿将消毒液喷在软椅座位上。

紫外线灯消毒：用固定式安装照射，将灯管固定吊装在天花板或墙壁上，距地面 2.5m 左右，灯管下安装金属反光罩，使紫外线反射到天花板上；安装在墙壁上的灯管，反光罩斜向上方，使紫外线照射与水平面成 30°～80°，这样可使上部空气受到紫外线的直接照射，当上下层空气对流时，整个空气都会得到消毒。通常按每 6~15m³ 用 1 只 15W 紫外线灯，或按 10~15m³ 面积安装 30W 紫外线灯一支计算。照射时每次 30 分钟。紫外线消毒时必须在无人的情况下进行。

（2）公共用品用具消毒：立体电影院所供观众使用的眼镜，每场使用后应用紫外线消毒，未经消毒不得重复使用。

供客人使用的茶具、饮具，应一客一用一消毒。消毒方法有：①"84"消毒液消毒：将原液用自来水稀释成 0.2%~0.5% 水溶液，将茶具、饮具清洗后浸泡 30 分钟，再用清水冲净后使用；②漂粉精片消毒：按一片药 2 斤水的比例配成溶液，配时先把药捣碎，加少量水调成糊状，然后倒入水中充分搅拌，静置后滤去杂质，将洗净的茶具、饮具浸泡 30 分钟后使用；③次氯酸钠溶液消毒：由次氯酸钠发生器电解食盐制得的次氯酸钠原液按 1：30 比例稀释成消毒液，把清洗干净的茶具、饮具浸泡 30 分钟以上。

毛巾消毒，应实行一客一用一消毒。消毒方法可选用：①蒸汽或煮沸消毒；②漂粉精片按 1 片 6 斤水的比例配成溶液浸泡 30 分钟；③ 0.2% 过氧乙酸溶液浸泡 30 分钟。

4. 文化娱乐场所的卫生标准限值　详见表 3-1。

表 3-1　文化娱乐场所卫生标准

项目	影剧院、音乐厅、录像厅（室）	游艺厅、舞厅	酒吧、茶座、咖啡厅
温度，℃（有空调装置）冬季	> 18	> 18	> 18
夏季	≤ 28	≤ 28	≤ 28
相对湿度，%（有中央空调装置）	40~65	40~65	40~65
风速，m/s（有空调装置）	≤ 0.3	≤ 0.3	≤ 0.3
二氧化碳，%	≤ 0.15	≤ 0.15	≤ 0.15
一氧化碳，mg/m³	–	–	≤ 10
甲醛，mg/m³	≤ 0.12	≤ 0.12	≤ 0.12
可吸入颗粒物，mg/m³	≤ 0.20	≤ 0.20	≤ 0.20
空气细菌数 a. 撞击法，CFU/m³	≤ 4000	≤ 4000	≤ 2500
b. 沉降法，个 / 皿	≤ 40	≤ 40	≤ 30
动态噪声，dB（A）	≤ 85	≤ 85（迪斯科舞≤ 95）	≤ 55
新风量，m³/（h · 人）	≥ 20	≥ 30	≥ 10

（五）卫生执法监督与管理

文化娱乐场所影剧院、录像厅（室）、游艺厅（室）、舞厅、音乐厅、茶座、酒吧、咖啡厅等场所卫生执法监督与管理主要内容包括：持有效卫生许可证；卫生管理制度健全并上墙，有卫生制度的执行或落实情况检查记录；地面保洁情况；如供应水果，应设立果盘制作间，有公共用品用具的应设立消毒间，茶具、话筒、面巾清洁消毒效果；场次间隔时间、空场时间；立体影院眼镜消毒；室内空气质量（新风量、二氧化碳、一氧化碳、噪声）；有机械通风装置且能正常运转，集中空调通风系统定期清洗，机械通风装置过滤网及送、回风口没有积尘；公共卫生间数量应与营业面积所能承接的顾客人数相匹配，公共卫生间保洁、排气的情况；禁止使用有害观众健康的烟雾剂，歌舞厅在营业时间不使用杀菌波长的紫外线灯和滑石粉，观众厅吊顶不使用含有玻璃纤维的建筑材料；灯光频闪的控制，动态噪声的控制；从业人员健康证明及其有效期、卫生知识培训情况、清洗消毒程序知识、个人卫生状况及从业人员患病调离情况等。

二、商场（店）、书店

（一）概念和适用范围

商场、书店是销售商品和书籍的场所。根据商场、书店的特点，商场分类包括：

综合性商场：是指经营多种商品的商场，如百货商场、综合商场、商业大厦等。

专业商场：专门经营某一类商品或以某一类商品为主，同时兼营少量其他商品的商场。如食品商场、服装商场、医药商场、化工商场、五金交电商店、工艺美术品商店等。

贸易中心：即专业商品批发市场，也可能同时零售商品，如轻工产品、手工产品、农副产品等贸易中心。

大型展销中心：指利用展览馆、博物馆等场所举办的临时商品展销，如各类商品展销会等。

书店分类包括：综合性书店，如新华书店；专业书店，如科技书店、外文书店。

（二）卫生学特点和主要风险

影响商场、书店卫生的因素：

1. 室内人员活动污染　商场客流量大，人群密集，人的呼吸、体表皮肤排泄物蒸发、吸烟、人员活动扬起地面、柜台、衣帽、鞋袜等处的尘埃和病原微生物等，可严重污染室内空气，使空气中二氧化碳、一氧化碳、可吸入颗粒物、病原微生物、异臭等危害健康的污染物的浓度大大增加。据北京市对每天接待十万人的大商场监测报道，客流量每小时为2万以上时，空气中二氧化碳、一氧化碳、细菌总数都显著上升，并且超过卫生标准，此时溶血性链球菌检出率高达23%。

商场空气中的灰尘不仅沾污各种物品表面，还可吸附有毒气体、液体及各种带电荷离子，而且其中10μm以下的尘粒可随呼吸进入人的支气管和肺泡内，其中约有2%~3%残留肺内，如果不间断的大量吸入，可引起鼻炎、咽炎、支气管炎、肺炎以及支气管哮喘、哮喘性支气管炎、偏头痛等疾病，严重危害健康。

2. 商品散发污染　有些商品能散发出一些有害物质污染空气，影响人体健康。据检测，某中型百货商场化妆品柜台前空气甲醛浓度为150~408μg/m³，超出国家卫生标准1.5~4倍，针织品柜台前空气中甲醛浓度为117~255μg/m³。此外，胶合板、纤维板，黏合剂和油漆可挥发出苯等有机溶剂；塑料、橡胶、人造皮革、化学纤维、电木等聚合材料商品均能释出各种有害物质，如橡胶分解逸出乙酰苯、二甲基甲醇，含氯聚合材料聚氯乙烯可分解逸出氯化氢。合成洗涤剂在堆放、搬运中，由于散落等原因，其原料中离子型非离子型表面活性剂可逸入空气中，表面活性物质虽属低毒性，但污染空气后，在低剂量长期作用下，可使人体非特异免疫力下降，产生过敏反应和变态反应。

3. 室外空气污染　商场多建在交通便利的繁华区和居民聚集的生活居住区，商场室内空气往往受到汽车废气、炊烟、道路尘埃和生活废弃物等产生的有害气体污染，从而加重室内空气污染程度。

4. 室内取暖污染　一些小型商店，冬天在营业厅燃炉取暖，可造成直接污染。燃料污染物主要是大量烟尘、一氧化碳、二氧化碳、氮氧化物、苯并（a）芘等有害物质。据调查，在以燃烧取暖且通风不良的十家商场中，室内二氧化碳最大浓度为室外浓度的27倍，超过卫生标准5.5倍；一氧化碳最大浓度超标2倍；二氧化碳最大浓度超标22倍。

5. 货币频繁使用和商场内受污染的设施成为传播疾病的媒介　据某市疾控中心对流通货币进行检验，细菌总数高达0.72万~10.81万个/cm²，大肠菌群的检出率达到55%，并在纸币上检出HBsAg。另外，在百货商场的扶杆（栏杆）、柜台进行调查，乙型肝炎表面抗原检出率分别为11.11%和6.67%。

6. 噪声　商场、书店的噪声主要来源于大量顾客流动时产生的喧哗谈笑声，货物移动发出的碰撞声，以及试听音响商品或招揽生意、活跃气氛而播放的音乐声等。此外，室外繁华街道的车辆声、人声等也可以传入室内，成为危害顾客健康，特别是危害营业员健康的一种重要因素。测定一些百货商店、书店噪声均值可高达80dB（A）以上，营业员不同程度地出现乏力、烦躁、头昏、失眠等症状。

7. 采光照明　商场、书店营业厅的面积大，室深长，不利于自然采光，加上陈列橱窗和沿墙单边柜台的设置，往往遮挡采光面积，因而只能通过人工照明来增加室内照度。如果人工照度偏低或者不恒定、不均匀，顾客由室外进入营业厅时，往往视力难以适应，可能在心理上产生抑郁感或其他不适感，从而影响顾客对商品的选购。同时，营业员长期在这种环境工作，视觉和机体容易疲劳，使工作效率降低，事故差错增加。

8. 微小气候　商场、书店柜台多、物品多、顾客多，因而不利于营业厅的空气流动及散热。近年来，一些新建的商场多采用落地玻璃窗，它虽有利于美观和采光，但不利于保暖和隔热。不少大中型商店虽然安装了机械通风和空调设备，但由于管理不善，商场内微小气候仍未达到卫生标准要求。地下商场或地下室营业厅，一般通风不好，气温较高，如果不加强通风换气，空气卫生质量问题更为严重。

（三）卫生执法监督依据

《中华人民共和国传染病防治法》、《公共场所卫生管理条例》、《公共场所卫生管理条例实施细则》、国家卫生计生委相关规范性文件、地方性法规规章、《商场（店）书店卫生标准》（GB 9670—1996）等。

（四）卫生及操作要求

1. 建筑设计卫生

（1）选址：要按城市功能分区，商场、书店应建在人群较为集中、交通方便、不受工业污染、公用设施较为完善的地方。

（2）设计卫生要求：

1）商场、书店平面布局要合理，应将营业用房、辅助业务用房、行政办公生活福利用房三部分紧密联系，分别设置出入口。

营业厅柜台及通道布设应方便顾客购货和行走，减少顾客室内停留，便于人流疏散。小百货应设在底层显眼处，挑选性强或贵重商品应设置在人流少的地方，笨重商品应设于底层或地下室，音响商品需要设置在最高层，食品、药品柜应设在清洁处，有害、有毒、易爆商品应单设营业室并做好防护。

2）要有充足的采光和照明。为保证营业厅自然采光，应选择好朝向，窗台不应高于 0.8~0.9m，窗上缘离天棚距离不 > 0.5m，门窗不宜采用有色玻璃。人工照明应按标准照度一次设计，一次布置成功，光源以近似自然光谱的荧光高压汞钠灯和荧光灯为好，并应设有应急照明装置及通道指示灯。

3）要有合理的通风设施。充分利用自然通风，通风口应面向常年主导风向的 0~45° 角。建筑物应设进、出气口，进气口应设于正压区，出气口应设于负压区，气流速度以 0.1~0.5m/s 为宜。

4)采用机械通风,总风量每人每小时不低于40m³,商场换气次数每小时3~5次为好。有空调装置每人每小时新风量不低于20m³。

5)大、中型商场应设有公共卫生间和休息椅。厅内各柱角和通道尽头可多设镜面,以减少顾客视觉拥挤。

6)应充分利用自然通风和自然采光,通风窗及采光面位置不得低于放置柜台。

7)柜台布局要合理,食品、药品、化妆品等商品,应陈放在有防护和空气清洁的地方,仓库应有防尘、防蝇、防鼠、防潮措施。释放有毒有害物质的商品,应有单独售货室,并采取防护措施。

8)出售旧衣物及生活用品的商店,应有消毒设施和消毒制度,旧物品必须经消毒后才能出售。

2. 卫生管理要求

(1)应建立行之有效的卫生制度,不得有病媒昆虫和老鼠,垃圾应日产日清,采用湿式清扫,场(店)内禁止吸烟。

(2)建立健全卫生管理制度,配有专职或兼职卫生管理人员。禁止乱扔果皮杂物,禁止随地吐痰。

(3)按规定要求组织从业人员进行健康检查领取健康合格证明,并经卫生知识培训合格后方可上岗工作。

(4)坚持卫生清扫制度。地面应进行湿式清扫,墙壁、衣服、货架的尘埃应用吸尘器进行清除。

(5)柜台、楼梯扶杆、栏杆、休息椅等应每天进行擦拭、消毒。

(6)定期开展杀虫灭鼠活动,堵塞鼠洞、铲除蚊蝇滋生场所,做到场内无病媒昆虫和老鼠。

(7)商场内厕所应有专人负责定期清洗和消毒,做到无臭、无蚊蝇滋生。

(8)出售生产资料的商店一般不得同时经营食品。销售化肥、农药应有专门的房间。柴油应在仓库存放,不得放在店内直接销售。

3. 商场、书店的消毒

(1)空气消毒:商场的营业厅应定期进行空气消毒,呼吸道传染病流行季节更应加强消毒。空气消毒可选用下列方法:

1)中草药空气消毒清新剂:对空气中流感病毒及多种病菌有较强的杀灭作用。对人体无毒副作用,且有芳香气息,人员在场时可直接使用。一般可按每平方米0.12ml计算用量,即使用金属压力罐气雾剂,每秒喷药液2ml,消毒面积16m²左右。使用时可根据室内空气流通性、污染程度等酌情增减。

2)过氧乙酸熏蒸:用3%~5%的过氧乙酸水溶液加热熏蒸,用量可按1~3g/m³计算。过氧乙酸有一定的刺激性和腐蚀性,出售大型家用电器设备及服装、布料的营业厅应慎用。

（2）柜台、楼梯扶杆、栏杆、休息椅消毒：用0.5%"84"消毒液水溶液擦拭；用0.2%~0.5%的过氧乙酸溶液喷洒或擦拭；用次氯酸钠发生器电解食盐制得的次氯酸钠溶液按1：30比例配成消毒液进行擦拭。

（3）出售旧书、旧衣服及其他生活用品的消毒：旧家具可用0.2%~0.5%的过氧乙酸溶液或次氯酸钠消毒液或0.5%"84"消毒液擦拭或喷洒消毒；旧衣服可采用流通蒸汽或环氧乙烷熏蒸消毒；旧书、报刊、杂志可用紫外线照射或环氧乙烷熏蒸消毒。

4. 商场、书店的卫生标准限值　详见表3-2。

表3-2　商场(店)、书店卫生标准值

项目		标准值
温度,℃	有空调装置	18~28
	无空调装置的采暖地区冬季	≥ 16
相对湿度,% 有空调装置		40~80
风速,m/s		≤ 0.5
二氧化碳,%		≤ 0.15
一氧化碳,mg/m^3		≤ 5
甲醛,mg/m^3		≤ 0.12
可吸入颗粒物,mg/m^3		≤ 0.25
空气细菌数	a. 撞击法,CFU/m^3	≤ 7000
	b. 沉降法,个/皿	≤ 75
噪声,dB(A)		≤ 60
	出售音像设备的柜台	≤ 85
噪声,dB(A)		
照度,lx		≥ 100

（五）卫生执法监督与管理

商场(店)、书店等场所的卫生执法监督与管理主要内容如下：卫生许可证有效；卫生管理制度健全并上墙，有专人负责，同时执法监督卫生制度的执行或落实情况；室内环境整洁，布局合理；具备机械通风或自然换气情况，集中空调通风系统定期清洗机械通风装置过滤网，送、回风口没有积尘；室内卫生指标(台面照度、室内二氧化碳、噪声)，室内禁止吸烟标识及落实情况；公共卫生间保洁、排气情况，有良好的通风排气装置、无异味；具备防蚊、防蝇、防蟑螂、防鼠措施,营业区无蚊、蝇、蟑螂、老鼠;从业人员健康证明及其有效期、卫生知识培训情况、清洗消毒程序知识、个人卫生状况及从业人员患病调离情况等。

三、展览馆、博物馆、美术馆、图书馆

(一)概念和适用范围

展览馆、博物馆、美术馆、图书馆是面向广大观众供观展、借阅图书资料的公共场所。

展览馆是人们进行经济、贸易、科技、文化交流活动并供观展的场所。一般可分为综合性和专业性两类。综合性展览馆所展出的内容范围较广,而专业性展览馆如工业展览馆、农业展览馆等,展品有一定范围。观众对象常随展览内容不同而有所不同。

博物馆(院)是对各类珍贵历史文物、文献资料、自然标本等陈列、研究、保藏并供观展的场所,包含革命、军事、民族、历史、地志、自然、艺术、医学、科技等方面,其观众十分广泛,是人们接受革命传统、历史和科学文化知识教育的场所。博物馆通常也可分为综合性和专业性两类。

美术馆是人们进行文化艺术交流并获得艺术享受的场所。展品内容主要是美术、摄影、书法、雕塑以及工艺美术作品。

图书馆是搜集、整理、收藏和流通各类图书、刊物、声像资料并供借阅、学习、参考、研究的文化场所,读者也十分广泛。

(二)卫生学特点和主要风险

1. 观众和读者相当广泛,不但有国内的,还常常有来自国外的观光旅游者或经商者。观众和读者往往是短时间内大量聚集在一起,其中不免有病原携带者或传染病患者。

2. 对建筑设施、陈列橱柜、环境质量及展出、保存条件等具有较高要求。

3. 如场所卫生状况不好,管理不善,不仅会对公众的健康带来影响,而且可能对保存的珍贵文物、展品、图书资料等造成损坏,带来不可弥补的损失。因此,做好场所的卫生工作具有十分重要的意义。

(三)卫生执法监督依据

《中华人民共和国传染病防治法》《公共场所卫生管理条例》《公共场所卫生管理条例实施细则》、国家卫生计生委相关规范性文件、地方性法规规章、《图书馆、博物馆、美术馆、展览馆卫生标准》(GB 9669—1996)等。

(四)卫生及操作要求

1. 建筑设计要求

(1)选址:一般宜建在城市的文化区或商业区内,与工业生产区、交通运

输主要干线保持一定距离。避免受到工业"三废"污染和强烈噪声干扰;建筑场地应宽阔,有满足观众活动的广场及停车场,周围应有一定面积的绿化用地。

(2)场所总体布局和内部结构应合理,符合卫生、安全、消防等方面的要求。

(3)场所大小应根据使用性质、规模及最多容纳人数而定。

(4)应有适宜的室高(净高)和室深,保证室内有足够的容积和自然采光。各厅(室)之间应有适当的间距和合理的朝向。

(5)室内自然采光要充足,分布要均匀;人工照明应做到光线均匀、柔和、不眩目。阅览室自然采光系数不＜1/6。

(6)室内应加强通风换气,一般可采用自然通风,进风口面积应相当于地表面积的3%~5%,每小时换气4~6次。使用面积超过300m^{2}的阅览室应采用机械通风,通风量可按每人每小时30~50m^{3}计算。采用集中式空调的阅览室,新风量应达到每人每小时10~15m^3。

(7)阅览室每个座位占有面积不低于1.2m^2。

(8)建筑物应防潮湿,并达到防虫、防鼠害的要求。特殊场所应配有去湿机,保持室内干燥。

(9)应根据建筑规模、接纳人数、观众或读者的停留时间及其他特殊需要,设置厕所和供观众歇息的场所。

2. 卫生管理要求

(1)建立健全各项卫生管理制度,落实卫生岗位责任制,从组织上、制度上、措施上保证各项卫生制度的实施。

(2)入馆人数应有一定限制,不得超过建筑设计的最大容量,以保证室内空气卫生质量。

(3)馆内应保持安静,不得大声喧哗和嬉闹。

(4)室内禁止吸烟。

(5)应有相应的卫生保洁设施,禁止随地吐痰和乱扔废弃物。

(6)阅览室内不得进行印刷和复印,以保持室内空气清洁。

(7)馆内应采用湿式清扫,以免扬尘污染环境和展品,并及时清除垃圾和废弃物。

(8)做好经常性消毒、杀虫、灭鼠工作,防止疾病传播及文物、展品、图书等物品的损坏。

(9)公共厕所应每天清扫,做到无蝇、无蛆、无臭,并应设有公用水龙头供观众洗手。

(10)工作人员应按规定定期进行健康检查,领取健康合格证明并经卫生知识培训合格后方可上岗工作。

3. 图书馆、博物馆、美术馆、展览馆卫生标准值　详见表3-3。

表3-3　图书馆、博物馆、美术馆和展览馆卫生标准值

项目	图书馆、博物馆、美术馆	展览馆
温度,℃		
有空调装置	18~28	18~28
无空调装置的采暖地区冬季	≥ 16	≥ 16
相对湿度,%(有中央空调)	45~65	40~80
风速,m/s	≤ 0.5	≤ 0.5
二氧化碳,%	≤ 0.10	≤ 0.15
甲醛,mg/m³	≤ 0.12	≤ 0.12
可吸入颗粒物,mg/m³	≤ 0.15	≤ 0.25
空气细菌数		
a. 撞击法,CFU/m³	≤ 2500	≤ 7000
b. 沉降法,个/皿	≤ 30	≤ 75
噪声,dB(A)	≤ 50	≤ 60
台面照度,lx	≥ 100	≥ 100

(五)卫生执法监督与管理

图书馆、博物馆、美术馆、展览馆等场所的卫生执法监督与管理主要内容如下:

卫生许可证有效,卫生管理制度健全并上墙,有专人负责,同时执法监督卫生制度的执行或落实情况;室内环境整洁,布局合理;具备机械通风或自然换气情况,集中空调通风系统定期清洗机械通风装置过滤网,送、回风口没有积尘;室内卫生指标(台面照度、室内二氧化碳、噪声),室内禁止吸烟标识及落实情况;公共卫生间保洁、排气情况,有良好的通风排气装置、无异味;具备防蚊、防蝇、防蟑螂、防鼠措施,营业区无蚊、蝇、蟑螂、老鼠;从业人员健康证明及其有效期、卫生知识培训情况、清洗消毒程序知识、个人卫生状况及从业人员患病调离情况等。

四、医院候诊室

(一)概念和适用范围

医院候诊室是患者到医疗单位就诊过程中等候的场所。在候诊室的人

群当中，不仅有患有各种疾患的病人，还有相当一部分为陪同病人家属，医护人员也需经常出入其中，使候诊室的人员流动大，人群集中，各种病人和健康人混杂，相互接触的机会较多，因而比其他公共场所更容易受到污染，更容易造成疾病的传播。因此，加强候诊室的卫生管理具有非常重要的意义。

（二）卫生学特点和主要风险

医院候诊室卫生特点主要表现为：

1. 人群较密集，人员流动性大，病人与健康人混杂于一处。由于人们生活水平的提高，对健康的要求也不断提高，一旦患病，便前往医院诊治，有时是一人看病，多人陪伴。与此同时，由于医院医疗诊断水平的不断提高，各种检查、化验等诊疗辅助科室增多，病人等候诊治时间比以往相对延长，因而使候诊室更显得人群密集，更增加了人群相互接触的机会。如果候诊室的卫生状况不好，不但对病人而且对健康者也会造成不良影响。

2. 候诊病人来自不同年龄，患有各种疾病。到医院就诊的病人不同性别、不同年龄都有，个体差异较大，且患有各种疾患，抵抗力均有不同程度下降，如果候诊室的卫生状况不好，不但不利于病人的诊治，甚至可能使病情恶化或感染上其他的疾患。

3. 候诊室极易受到污染，引起疾病传播。在候诊病人中有不少是传染病患者或病菌携带者，其中一部分病人往往具有不良的卫生习惯，如随地吐痰、乱扔废弃物等，少数危重病人可能出现大小便失禁，加之婴幼儿的排泄物等，使候诊室极易受各种病原微生物的污染，从而造成病菌的交叉感染或疾病的传播。

4. 其他因素的污染。候诊场所一般比较狭小，日光照射不足，加之人群密集，空气质量很容易恶化。此外，病人的呻吟、儿童的哭闹、人们的喧哗等噪声，也会对候诊者产生一定影响。

（三）卫生执法监督依据

《中华人民共和国传染病防治法》《公共场所卫生管理条例》《公共场所卫生管理条例实施细则》、国家卫生计生委相关规范性文件、地方性法规规章、《医院候诊室卫生标准》（GB 9671—1996）等。

（四）卫生及操作要求

为了使病人有一个安静舒适、清洁卫生的候诊环境，应加强对候诊室的卫生管理。各医疗单位都应十分重视这项工作。

1. 清扫保洁制度。候诊室应根据其规模及候诊人数确定一定数量的清扫保洁人员，负责候诊室内外卫生保洁工作。每天上、下午门诊结束后应分别进行一次清扫和消毒，平时应做好经常性的卫生保洁工作。候诊室应采用湿式清扫,清扫的垃圾、污物等应及时进行消毒处理或焚烧,不得随意倾倒。

2. 消毒制度。候诊室应设专职消毒管理人员,每天上、下午门诊结束后各进行一次彻底消毒。消毒范围应包括候诊室的地面、椅凳、痰盂、果壳箱、厕所、卫生间、门把手等各种设施及其他供病人活动的场所。此外,对病人的呕吐物、大便排泄物及时进行清理和消毒。

3. 加强卫生知识宣传和候诊教育工作。各医疗单位在候诊室应开辟卫生知识宣传教育橱窗。可采用黑板报、宣传画廊等多种形式,介绍卫生常识和预防疾病知识,以提高候诊人员的卫生素质和预防保健知识水平。

4. 候诊室应设有供病人休息的椅凳以及痰盂、果壳箱等相应的卫生设施。

5. 不得在候诊室内出售商品和食品。

6. 候诊室为病人提供服药和饮用的水质应符合卫生要求。

7. 候诊室内不得诊治病人(抢救不宜搬动的危重病人例外)。

8. 候诊室工作人员应身体健康,并定期进行健康检查。

9. 工作人员应有良好的卫生素质,掌握一定的卫生知识和卫生操作技能,经卫生知识培训并考核合格后方可上岗工作。

10. 保持良好的个人卫生,认真执行各项卫生管理制度。

11. 候诊室的消毒。空气消毒:①紫外线消毒:每 10~15m² 安装 30W 紫外线吊灯一支(高度距地面 2.5m 左右),在下班后室内无人的情况下开灯照射,每次照射时间 40 分钟~2 小时,可使空气中微生物降低 50%~75%,甚至可达 90% 以上。照射时应有专人管理,并做好记录,灯管累计照射时间达 1000 小时应及时更换。②中草药空气消毒清新剂:该品为金属压力型气雾剂,对流感病毒有较强的杀灭作用,对金葡菌、脑膜炎双球菌、肺炎菌、白喉杆菌、铜绿假单胞菌等 5 分钟杀灭率达 99.9%。以上用量一般为每平方米 0.12ml。即使用金属压力罐气雾剂每秒喷射药液 2ml,消毒面积为 16m² 左右。具体用量可根据空气流通、污染程度等酌情增减。中草药空气消毒清新剂无毒无副作用,且有芳香气息,可在人员不撤离的情况下直接使用。

公用设施消毒:候诊室厕所、卫生间冲刷后用"84"消毒液、漂白粉上清液或 0.5% 的过氧乙酸喷洒消毒。痰盂可用 5% 来苏尔溶液浸泡作用 1~2 小时。椅凳、门把手等可用"84"消毒液或 3% 来苏尔溶液擦拭,然后用清水擦洗干净。

地面消毒:候诊室地面消毒可在湿式清扫后,用拖布蘸取 5% 来苏尔溶液或 0.5% 过氧乙酸溶液拖擦地面。

12. 医院候诊室卫生标准值　详见表3-4。

表 3-4　医院候诊室卫生标准值

项目	标准值	项目	标准值
温度,℃　有空调装置	18~28	可吸入颗粒物,mg/m³	≤ 0.15
无空调装置的采暖地区冬季	≥ 16	空气细菌数	
风速,m/s	≤ 0.5	a. 撞击法,CFU/m³	≤ 4000
二氧化碳,%	≤ 0.10	b. 沉降法,个/皿	≤ 40
一氧化碳,mg/m³	≤ 5	噪声,dB(A)	≤ 55
甲醛,mg/m³	≤ 0.12	照度,lx	≥ 50

(五)卫生执法监督与管理

医院候诊室卫生执法监督与管理主要内容如下:卫生许可证有效,卫生管理制度健全并上墙,有专人负责,同时执法监督卫生制度的执行或落实情况;室内环境整洁,布局合理;具备机械通风或自然换气情况,集中空调通风系统定期清洗机械通风装置过滤网,送、回风口没有积尘;室内卫生指标(室内二氧化碳、噪声),室内禁止吸烟标识及落实情况;公共卫生间保洁、排气情况,有良好的通风排气装置、无异味;具备防蚊、防蝇、防蟑螂、防鼠措施,无蚊、蝇、蟑螂、老鼠;从业人员健康证明及其有效期、卫生知识培训情况、清洗消毒程序知识、个人卫生状况及从业人员患病调离情况等。

五、体育场(馆)

(一)概念和适用范围

体育场(馆)建筑形式一般分为室内封闭型和露天开放型两种。

(二)卫生学特点和主要风险

1. 室内封闭型体育馆如果设施和卫生管理不善,容易造成空气混浊,有害物质增多。

2. 露天开放型体育场仅以栏杆围墙为屏障,场内空间较大,但易受到外源性污染。

(三)卫生执法监督依据

《中华人民共和国传染病防治法》、《公共场所卫生管理条例》、《公共场所卫生管理条例实施细则》、国家卫生计生委相关规范性文件、地方性法规规章、《体育馆卫生标准》(GB 9668—1996)等。

(四)卫生及操作要求

1. 设计卫生要求

(1)选址:应选在交通方便、地势平坦、地基坚实并远离烟尘、有气体地

71

方。周围应留出一定面积种植树木、草坪，以绿化、美化环境，改善局部微小气候。

（2）设计卫生要求：

1）室内体育馆应设有机械通风装置，总风量每人每小时不低于 40m³。使用空调时新风量每人每小时不低于 20m³。

2）比赛厅观众座位应舒适卫生，出入方便。一般座宽为 50~60cm，座高为 43~47cm，前后排座位间距不低于 80m。

3）要有良好的照明条件。体育场地表的照度应不低于 80lx。体育馆采光系数应为 1/5~1/4，照度在 100lx 以上。比赛时观众席不低于 5lx，休息厅不低于 60lx。场（馆）照明应防止产生眩目。

4）场（馆）内应设有饮水站。供观众饮用的水须经消毒，其水质应符合国家《生活饮用水卫生标准》（GB 5749—2006）要求。公用茶具应进行消毒处理。

5）根据观众厅座位数分设一定蹲位的男女厕所。厕所应有单独通风排气设施。

6）场（馆）内应设有卫生室或急救室，并配备必要的急救药品、器材及医护人员。

7）比赛场地周围应根据需要设置防护栏或采取其他防护措施，避免运动员或运动器械冲撞、砸伤观众。

8）场（馆）内应设有紧急疏散人员的安全出入口。

2. 卫生管理要求

（1）建立健全各项卫生管理制度，并加强对观众及运动员的卫生宣传工作，使之共同维护好场内卫生。

（2）比赛或表演时，应有专人负责看台的卫生执法监督。场内严禁吸烟，严禁乱扔果皮纸屑。

（3）场（馆）工作人员应每年进行一次体检，取得健康合格证明后方可上岗。工作人员除掌握本职专业技能外，还应经过卫生知识培训，并取得合格证。

（4）加强室内通风换气，平时可利用门、窗进行自然通风，封闭型的体育馆应采取机械通风。室内观众及运动员数量较多时，尤其在传染病流行季节，应对室内空气定期进行消毒，保证空气质量符合卫生标准。

（5）场（馆）地面应采用湿式清扫，并及时消除垃圾、污物。

3. 体育馆卫生标准值　详见表 3-5。

表 3-5　体育馆卫生标准值

项目	标准值	项目	标准值
温度,℃　采暖地区冬季	≥ 16	可吸入颗粒物, mg/m³	≤ 0.25
相对湿度, %	40~80	空气细菌数	
风速, m/s	≤ 0.5	a. 撞击法, CFU/m³	≤ 4000
二氧化碳, %	≤ 0.15	b. 沉降法, 个 / 皿	≤ 40
甲醛, mg/m³	≤ 0.12	照度, lx	比赛时观众席 > 5

（五）卫生执法监督与管理

体育馆卫生执法监督与管理主要内容如下：

卫生管理制度健全并上墙,有专人负责,同时执法监督卫生制度的执行或落实情况;室内环境整洁,布局合理;具备机械通风或自然换气情况,集中空调通风系统定期清洗机械通风装置过滤网及送、回风口没有积尘;室内卫生指标(室内二氧化碳、噪声),室内禁止吸烟标识及落实情况;公共卫生间保洁、排气情况,有良好的通风排气装置、无异味;具备防蚊、防蝇、防蟑螂、防鼠措施;从业人员健康证明及其有效期、卫生知识培训情况、清洗消毒程序知识、个人卫生状况及从业人员患病调离情况等。

六、公共交通工具及等候室卫生

（一）概念和适用范围

公共交通工具及等候室的卫生状况,不仅关系到旅客和乘务人员的身体健康,而且对于促进国民经济的发展、繁荣旅游事业、增加国际间交往、提高国家及地方的声誉等都具有极其重要的意义。

交通工具主要指铁路客车、航运客轮和民航客机;等候室主要指铁路车站候车室、航运港口候船室、民航机场候机室和长途汽车站候车室。

（二）卫生学特点和主要风险

公共交通工具及等候室的卫生特点主要有以下这几个方面:

1. 旅客来自四面八方,暂时聚集在一个有限的场所内,人与物的接触、人与人的接触十分频繁和密切。

2. 长途旅客昼夜旅行,需要在途中吃饭、休息,但因各种条件的限制,很难为旅客提供良好的卫生及其他生活服务设施。

3. 旅客中既有老人、婴儿、孕妇,也可能有传染病患者或病原携带者,特别是在人多拥挤、空气质量恶劣的情况下,极易造成传染病的传播或流行。

4. 因受噪声、振动、颠簸、空中气压变化等因素影响,旅客在途中不能得到很好的休息,易于疲劳,甚至出现晕车、晕船或晕机现象,其呕吐物可能污染环境。

5.旅客往往携带有各种行李物品或家禽家畜,各种不良气味排泄物以及人体自身散发的气味极易使空气质量恶化。

6.部分旅客的不良卫生习惯和嗜好,如吸烟、随地吐痰、乱扔瓜果皮壳及杂物等,可随时对环境造成污染。

由于以上因素,使交通工具及等候室的环境卫生、微小气候、空气质量很容易受到污染,并对旅客和工作人员的身体健康造成不良影响。

(三)卫生执法监督依据

《中华人民共和国传染病防治法》《公共场所卫生管理条例》《公共场所卫生管理条例实施细则》、国家卫生计生委相关规范性文件、地方性法规或规章、《公共交通等候室卫生标准》(GB 9672—1996)等。

(四)卫生及操作要求

1.交通工具设计卫生要求

(1)座椅及走道设置适宜,保证旅客乘坐舒适,进出与上下方便。

(2)客厢、船舱、机舱应有足够容积及高度,以便于旅客站立和行走,并保证空气卫生质量。

(3)应有足够的窗户和照明灯具,保证良好的通风换气和采光照明。窗户既要密封性能好,又应开启方便。

(4)发动机、油箱应密闭,并与客厢(舱)隔绝,保证噪声、油烟废气等不污染环境。

(5)长途旅行的交通工具应配有各种卫生及生活服务设施,如饮用水、餐车、厕所、消毒设施等。

2.等候室设计卫生要求

(1)等候室的规模应满足本地区最大流动人口量的需要,结合城市长远规划进行设计。

(2)室内应设有足够量的座椅供旅客临时休息。

(3)室内应宽敞明亮,有适宜的净高,通风良好,尽量采用自然光。室内人工照明应光线均匀、充足、不眩目。

(4)较大的等候室为方便母婴乘客,应设有"母婴等候室"。

(5)等候室应提供足够的公用卫生设施,如痰盂、果壳箱、饮水供应处、厕所等。

3.公共交通工具的卫生管理

(1)建立各项卫生管理制度,落实岗位责任制,并制定卫生公约,请广大乘客共同遵守。

（2）旅客列车、航运客轮在运行中应按卫生作业程序进行清扫，保持整洁，不得将粪便、污水带到终点站、港。客机在暂停站应及时清扫。

（3）旅客列车、航运客轮应有茶具、餐饮具消毒设施，用茶具、餐饮具未经消毒不得供旅客使用。客机供旅客使用的茶具、餐饮具等须经消毒后上机。

（4）供乘客饮用水的水质应符合《生活饮用水卫生标准》(GB 5749—2006)。

（5）供旅客使用的一次性塑料茶具、餐具应回收统一处理，防止影响沿途环境卫生。

（6）旅客列车、内河航运客轮在旅途中产生的生活垃圾站接受处理，客机垃圾应集中进行卫生处理。

（7）普通旅客列车行驶经市区、大桥、长隧道和停车5分钟以上的车站时，应锁闭厕所，不得倾倒污水、污物。

（8）旅客列车、航运客轮供旅客使用的被单、褥单、枕套等单程更换一次。软卧客室和一、二等舱的卧具、机舱头片应一客一换。其他卧具、床席套应定期清洗、消毒。

（9）客室、客舱人员较多时，应经常通风换气和对空气消毒，尤其在传染病流行季节，应加强对空气及公共用品消毒工作。

（10）使用洗涤消毒剂，应有卫生安全检验合格证书。

（11）客室、客舱禁止携带腥、臭物品及其他有碍公共卫生的物品。

（12）客室、客舱内禁止吸烟。

（13）应采取有效措施，使客室、客舱的蝇、蚊等病媒昆虫的平均指数及鼠密度控制在有关卫生标准以内。

（14）工作人员应身体健康，定期进行健康检查，并领取健康合格证。

（15）工作人员除掌握本职专业技能外应有良好的卫生素质，经卫生知识培训并考核合格后方可上岗工作。

4.公共交通等候室的卫生管理

（1）制定各项卫生管理制度，落实岗位责任制，从组织上、措施上、制度上落实各项卫生管理制度。制定卫生公约，使广大旅客和工作人员共同遵守。

（2）等候室应设公共饮水处，茶具应一客一用一消毒，未经消毒的公用茶具不得供旅客使用。供水设施及操作规范应符合有关卫生要求。

（3）不得将腥、臭等有碍公共卫生的物品携入等候室。

（4）等候室内禁止吸烟，禁止随地吐痰、乱扔废弃物。

（5）等候室应按旅客人流量，设有相应数量的公共厕所、盥洗室、痰盂、果壳箱等，并保持清洁，定时或根据需要随时进行清扫消毒。

（6）等候室应有防虫、防鼠设施，一旦发现病媒昆虫和鼠害，应及时杀灭。

（7）等候室应按时进行湿式清扫，保持地面清洁。

（8）工作人员应有良好的卫生素质，身体健康，定期进行健康检查，取得健康合格证并经卫生知识培训合格后方可上岗工作。

5.公共交通工具及等候室的消毒　空气消毒：中草药空气消毒清新剂，可用于客室、客舱、客机以及等候室的空气消毒。金属压力罐气雾剂，可使含药雾粒较长时间悬浮在空中，对流感病毒及多种细菌具有较强的杀灭作用，且有芳香气息，对人体无毒副作用，可在人员在场的情况下直接使用。使用时可根据空气流通情况、室内污染程度等酌情增减用量。

餐具、茶具消毒：可以蒸煮的餐具、茶具，清洗后蒸汽或煮沸消毒15分钟；不能蒸煮的餐具、茶具，可用1∶200的"84"消毒液浸泡5~10分钟，然后用清水冲洗干净。消毒后的餐具、茶具不得再用抹布擦拭，以免再次污染。

6.公共交通等候室卫生标准值　详见表3-6。

表3-6　公共交通等候室卫生标准值

项目			候车室和候船室	候机室
温度，℃	有空调装置	冬季	18~20	18~22
		夏季	24~28	24~28
	无空调装置的采暖地区冬季		> 14	≥ 16
相对湿度，%			–	40~80
风速，m/s			≤ 0.5	≤ 0.5
二氧化碳，%			≤ 0.15	≤ 0.15
一氧化碳，mg/m^3			≤ 10	≤ 10
甲醛，mg/m^3			≤ 0.12	≤ 0.12
可吸入颗粒物，mg/m^3			≤ 0.25	≤ 0.15
空气细菌总数	a. 撞击法，CFU/m^3		≤ 7000	≤ 4000
	b. 沉降法，个/皿		≤ 75	≤ 40
噪声，dB（A）			≤ 70	≤ 70
台面照度，lx			≥ 60	≥ 100

（五）卫生执法监督与管理

公共交通工具及等候室卫生执法监督与管理主要内容如下：卫生管理制度健全并上墙，有专人负责，同时执法监督卫生制度的执行或落实情况；室内环境整洁，布局合理；具备机械通风或自然换气情况，集中空调通风系统定期清洗机械通风装置过滤网及送、回风口没有积尘；室内卫生指标(室内二氧化碳、噪声)，室内禁止吸烟标识及落实情况；公共卫生间保洁、排气情况，有良好的通风排气装置、无异味；具备防蚊、防蝇、防蟑螂、防鼠措施；从业人员健康证明及其有效期、卫生知识培训情况、清洗消毒程序知识、个人卫生状况及从业人员患病调离情况等。

第四章

公共场所卫生执法监督检测要点

第一节　公共场所卫生执法监督检测的概念

公共场所卫生执法监督检测就是通过对公共场所卫生状况的采样、检验，检查管理相对人执行国家法律法规的情况，掌握公共场所的卫生质量状况，为实施卫生行政行为、查明卫生安全突发事件原因以及制定对策措施、卫生标准和技术规范提供依据。

一般来说，就是依据《公共场所卫生检验方法》（GB/T 18204）在公共场所营业期间内对公共场所卫生状况进行的监测与评价。

第二节　公共场所室内空气卫生执法监督监测

一、各类公共场所卫生监测频次与样本量要求

（一）宾馆、饭店、旅店、招待所等场所

监测频次：空气质量监测为 1 天，上午、下午各监测 1 次；经常性卫生监测为随机监测。

监测样本量：客房数量 ≤ 100 间的场所，抽取客房数量的 3%~5% 进行监测；客房数量 > 100 间的住宿场所，抽取客房数量的 1%~3% 进行监测；且每个场所监测的客房数量不得少于 2 间，每间客房布 1 个监测点。

（二）影剧院、音乐厅、录像厅（室）等空气卫生状况监测

监测频次：空气质量监测在场所监测 1 天，在 1 天中监测 1~2 场，每场开映前 10 分钟、开映后 10 分钟和结束前 10 分钟各监测 1 次；经常性卫生监测只随机监测 1 场，开映前 10 分钟、开映后 10 分钟和结束前 10 分钟各监测 1 次。

监测样本量：座位数量 < 300 个的场所布置 1~2 个监测点，座位数量

300~500 个的场所布置 2~3 个监测点,座位数量 501~1000 个的场所布置 3~4 个监测点,座位数量 > 1000 个的场所布置 5 个监测点。

(三)游艺厅、歌舞厅等空气卫生状况监测

监测频次:空气质量监测在场所监测 1 天,在 1 天中营业的客流高峰和低峰时各监测 1 次;经常性卫生监测为随机监测。

监测样本量:营业面积 < 50m² 的场所布置 1 个监测点,营业面积 50~200m² 的场所布置 2 个监测点,营业面积 > 200m² 的场所布置 3~5 个监测点。

(四)公共浴室、游泳馆

监测频次:经常性卫生监测在场所营业的客流高峰时段监测 1 次。

监测样本量:营业面积 < 50m² 的场所布置 1 个监测点,营业面积 50~200m² 的场所布置 2 个监测点,营业面积 > 200m² 的场所布置 3~5 个监测点。

注:场所营业面积应按不同功能(如更衣室、休息室、浴室、游泳等)分别计算。

(五)美容店、理(美)发店等场所

监测频次:空气质量监测为 1 天,在 1 天的营业时间内监测 2~3 次;经常性卫生监测为随机监测。

监测样本量:座(床)位数量 < 10 个的场所布置 1 个监测点,座(床)位数量 10~30 个的场所布置 2 个监测点,座(床)位数量 > 30 个的场所布置 3 个监测点。

(六)体育场(馆)

监测频次:经常性卫生监测为随机监测。

监测样本量:观众座位数量 < 1000 个的场所布置 2 个监测点,座位数量 1000~5000 个的场所布置 3 个监测点,座位数量 > 5000 个的场所布置 5 个监测点。

(七)展览馆、博物馆、图书馆、美术馆、商场(店)、书店、候车(机、船)室、餐饮等场所

监测频次:经常性卫生监测为场所营业的客流高峰时段随机监测 1 次。

监测样本量:营业面积 < 200m² 的场所布置 1 个监测点,营业面积 200~1000m² 的场所布置 2 个监测点,营业面积 > 1000m² 的场所布置 3 个监测点。

二、选点原则

1. 空气质量(包括物理因素)的监测点(以下称监测点)应选择在公共场

所人群经常活动,且停留时间较长的地点,但不能影响人群的正常活动。

2. 监测点应该考虑现场的平面布局和立体布局。

3. 监测点应避开人流通风道和通风口,具体按《公共场所卫生检验方法》GB/T 18204.1,GB/T 18204.2,GB/T 18204.3附录中的现场采样检测布点要求。

第三节 公共用品用具卫生监测

一、采样方法

1. 涂抹法 将无菌棉拭子蘸取灭菌生理盐水(管内 10ml)后涂抹用品、用具,然后将拭子放入生理盐水管中,及时送检培养。操作时应避免人为污染。

2. 戳印法 将溶化并冷至 50~55℃的营养琼脂培养基倾注入已灭菌的特制戳印平皿内(使培养基平面比皿边缘高 2~3mm),每皿约 10ml,待凝固后盖上皿盖(皿盖与培养基之间有一定的空隙),翻转平皿在 4℃下保存备用。将被检物(被罩、枕中等)放平,再将皿盖打开,放在被检物品表面上用手轻按压3~4秒钟,取下平皿,盖上皿盖,送 37℃恒温箱内培养 24 小时计算菌落数。

二、数量

公共用品用具的监测样本量按各类物品投入使用总数的 3%~5% 抽取。当某类用品用具投入使用总数不足 30 件时,此类物品的采样数量至少应为1 件。

三、采样部位

根据《公共场所卫生检验方法》GB/T 18204.4 附录 A 公共卫生用品的采样点应选择在人群使用该物品时接触频率较高的部位。

1. 饮(餐)具采样 应在饮(餐)具与口唇接触 0.5cm 处的内外缘各一周采样。

2. 毛巾、枕中(套)采样 应在毛巾、枕中(套)对折平面中央 5cm × 5cm 面积上均匀涂抹 5 次。

3. 床单、被罩采样 应分别在床单、被罩的两端中间 5cm × 5cm 处以及床单、被罩的中央部位 5cm × 5cm 面积上均匀涂抹 5 次。

4. 脸(脚)盆、浴盆采样 应在盆内缘 1/2 高度处涂抹一周。

5. 拖鞋采样 应在鞋面与脚趾接触处采样。一双拖鞋为一份样品。

6. 恭桶座垫采样 应在座垫圈前边 1/3 部位采样。

7. 理发推子采样　应在推子前部上下均匀各涂抹三次。一个推子为一份样品。

8. 理发刀、剪和修脚工具的采样　应在使用的刀、剪刃的两侧面各涂抹一次采样。两个刀（或两个剪）为一份样品。

9. 胡刷采样　胡刷应浸泡在 50ml 无菌生理盐水中充分漂洗（或用棉拭子在胡刷内外面均匀地各涂抹 2 次）。使用一次性胡刷不采样。

第四节　水 质 监 测

一、游泳场所水质监测

（一）指标及标准（表 4-1）

表 4-1　游泳场所水质指标标准

项目	标准值	项目	标准值
池水温度，℃	22~26	细菌总数，个/ml	≤ 1000
pH 值	6.8~8.5	大肠菌群，个/L	≤ 18
浑浊度，度	≤ 5	有毒物质	按 TJ 36 表 3 执行
尿素，mg/L	≤ 3.5		或按 GB 3097 执行
游离性余氯，mg/L	0.3~0.5		

浸脚消毒池水的余氯含量应保持 5~10mg/L。

（二）指标的卫生学意义

1. 浑浊度　浑浊度是反映游泳池的物理性状的一项指标，也可以说是水中的能见度或透明度，直接可以反映水中污染物的情况，反映游泳池水处理装置的过滤精度以及循环状况。降低不仅仅意味着水的透明度增加，同时也代表着水的洁净程度，游泳水中构成浑浊度的物质还可能会伤害眼球。作为感官性指标，其超标表示池水浑浊度过大，不易看到池底，同时容易引起安全事故的发生。

2. pH 值　生活饮用水的允许范围在 6.5~8.5 之间，对人们的饮用和健康均不产生影响，但在游泳池水处理中，调节池水的 pH 值是很重要的。大多数消毒剂的杀菌作用取决于 pH 值，因此必须使 pH 值保持在一种消毒剂的最佳有效范围内。

3. 游离性余氯　游泳池内应保持一定量的剩余消毒剂来维持池水的持

续杀菌作用,游离性余氯(指水中的 OCl^+、$HOCl$、Cl_2 等,杀菌速度快,杀菌力强,但消失快),又叫自由性余氯。

4. 细菌总数 是指 1ml 水样在营养琼脂培养基中,于 36℃±1℃恒温箱内培养后,所生成的细菌菌落总数(CFU/ml 计)。菌落总数是了解池水消毒是否彻底的一项有效方法,也是灭菌效率的主要指标。菌落总数中的细菌大部分是非致病性,仅菌落总数高没有太大的卫生意义,但其比较直观,细菌越少,水质卫生就越好。

5. 大肠菌群 指一群与 36℃±1℃培养 24 小时能发酵乳糖,产酸产气的需氧和兼性厌氧的革兰阴性无芽胞杆菌。该菌群主要来源于人畜粪便,具有指示菌的一般特征,故以此作为粪便污染指标评估游泳池水的卫生质量,也是为了掌握池水可能受肠道致病菌污染的状况。对菌落总数高,且总大肠菌群也高的水样,就应引起注意。

6. 尿素 尿素是氨基酸分解代谢的最终产物,游泳池水中的尿素含量是游泳池水质检测的主要项目之一,过高时会对游泳者身体造成危害,尿素释放出的氨与氯消毒剂形成氯胺类物质,使游泳者产生厌恶感,刺激皮肤、眼角膜,腐蚀头发,高尿素使氯形成结合态,此时即使大量投放氯消毒效果也很差。降低水中尿素的浓度无法用过滤、加药等常规手段处理,一般只能用换水方法解决,尿素超标与游泳人数以及未及时补充新水有关。

(三)采样要求

根据《公共场所卫生检验方法》(GB/T 18204)第 6 部分:卫生监测技术规范要求:

监测频次:人工游泳场所经常性卫生监测在场所营业的客流高峰时段监测。

监测样本量:儿童泳池布置 1~2 个采样点,成人泳池面积 ≤ $1000m^2$ 的布置 2 个采样点,成人泳池面积 > $1000m^2$ 的布置 3 个采样点。

样品采集:在泳池水面下 30cm 处采集水样 500ml。

二、公共浴室水质卫生监测

(一)指标及标准(表4-2)

表 4-2 公共浴室水质标准指标

项目	更衣室	浴室(淋、池、盆浴)	桑拿浴室
水温,℃	–	40~50	–
浴池水浊度,度	–	≤ 30	–

（二）采样要求

监测频次：经常性卫生监测为随机监测。

监测样本量：随机选择 5 个淋浴喷头，各采集淋浴水样 500ml；在沐浴池选择 3 个采样点，采集水面下 30cm 处水样 500ml。

第五节　监测样品送检

一、样品编号

样品应进行统一编号，采样前或采样后应立即贴上标签，每件样品必须标记清楚（如名称、来源、数量、采样地点、采样人及采样年月日）。卫生监督员应当场制作现场检查笔录，按产品样品和非产品样品如实填写相应的采样记录单，并经被采样人签字确认。

二、样品的保存及运送

1. 样品应保持原始状态，易变质的样品要冷藏或冷冻。

2. 送上级机构作仲裁用的样品，运送前要密封，加贴封条，写明日期并盖公章，或用石蜡封口，以防运送途中样品被更换。

3. 特殊样品要在现场做相应处理后送检：①进行真菌检验的可疑样品，要保持潮湿。可以放在 1% 甲醛溶液，或储存在 5% 乙醇溶液或稀乙酸溶液中保存；②水样保存，应根据测定指标选择适宜的保存方法，主要有 4℃冷藏保存贮存于暗处、加入保存剂等。

4. 样品采集后应尽快送达检验机构，根据采样点的地理位置和各项目的最长可保存时间选择适当的运输方式，在现场采样工作开始之前就应安排好运输工作；为防止在运输过程中样品的损失或污染，存放样品的器具应密封性好，小心运送。

5. 送检时，应认真填写申请单，以供检验人员参考。

第六节　监测项目和检验方法

一、标准及方法

（一）强制性国家标准（表4-3）

表4-3 公共场所卫生强制性国家标准

标准编号	标准名称
GB 9663—1996	旅店业卫生标准
GB 9664—1996	文化娱乐场所卫生标准
GB 9665—1996	公共浴室卫生标准
GB 9666—1996	理发店、美容店卫生标准
GB 9667—1996	游泳场所卫生标准
GB 9668—1996	体育馆卫生标准
GB 9669—1996	图书馆、博物馆、美术馆、展览馆卫生标准
GB 9670—1996	商场(店)、书店卫生标准
GB 9671—1996	医院候诊室卫生标准
GB 9672—1996	公共交通等候室卫生标准
GB 9673—1996	公共交通工具卫生标准
GB 16153—1996	饭馆(餐厅)卫生标准

(二)推荐性国家标准

GB/T 18204.1—2013 公共场所卫生检验方法 第1部分:物理因素

GB/T 18204.2—2014 公共场所卫生检验方法 第2部分:化学污染物

GB/T 18204.3—2013 公共场所卫生检验方法 第3部分:空气微生物

GB/T 18204.4—2013 公共场所卫生检验方法 第4部分:公共用品用具微生物

GB/T 18204.5—2013 公共场所卫生检验方法 第5部分:集中空调通风系统

GB/T 18204.6—2013 公共场所卫生检验方法 第6部分:卫生监测技术规范

二、指标及意义

(一)温度

最重要的微小气候因素是空气温度。在人体代谢过程中和生活过程中要不断与周围环境进行能量交换,即与室内外环境进行热的交换。而人体对温度较为敏感,且只能在生理条件下借助于神经系统进行有限的调节。由于微小气候中的气温可以随着环境气温的变化而变化,而机体也可以通过复杂的体温调节机制来增减产热量和散热量,以达到身体内部的恒定和稳定性。当机体体温调节系统长期处于紧张工作状态时往往会影响神经、消化、呼吸和循环等多系统的稳定,降低机体各系统的抵抗力,而使患病率增高。

（二）相对湿度

相对湿度决定于空气中水蒸气含量。一般每立方米空气中含 2~30g 水蒸气。空气湿度对人体健康的影响，一方面是通过影响人体热平衡；另一方面是湿度可以间接影响室内微生物的生长从而对人体健康产生影响。室内湿度过低或过高时都会影响人的舒适感；湿度较大时对于室内环境中的细菌和其他微生物的生长繁殖有利，导致室内微生物的污染加剧。室内空气中微生物通过人的呼吸进入体内，从而导致呼吸系统或消化系统多种疾病的发生。

（三）风速

不同的风速对人体有着不同的影响。夏季空气流动可促进人体散热，冬季空气流动会使机体感到寒冷。适宜的室内气流对人体皮肤能产生良好的作用，有利于体温调节，促进机体代谢。夏季气流过小，机体热量难以散发，可加剧机体过量的热蓄积，增加高气温对人体的危害；冬季气流太大，可加速和加大机体的散热量，加重了低气温对人体健康的不良影响。另外，适宜的室内气流还有利于室内的通风换气，净化室内空气，保持室内空气的洁净度。

公共场所微小气候（气温、相对湿度、风速）既是卫生指标，也是一种人体舒适指标。

（四）二氧化碳

公共场所空气中的二氧化碳主要来自人体呼出气和香烟烟气。成人每小时呼出约 22L 二氧化碳。文献资料表明，人群聚集的公共场所空气中二氧化碳的浓度与细菌总数、可吸入尘、体臭等污染物浓度成正相关，因此，许多国家把室内二氧化碳浓度作为评价空气清洁度的综合指标。

文献资料指出，清洁的大气中二氧化碳浓度为 0.03%~0.04%，故在一般空间内，由于室内外空气频繁交换，室内二氧化碳浓度不至于超过大气浓度，而人体肺泡内二氧化碳浓度经常在 0.04% 左右，室内空气二氧化碳在 0.07% 以下时属于清洁空气，此时人体感觉良好；当浓度在 0.07%~0.1% 时属于普通空气，个别敏感者会感觉有不良气味；当二氧化碳浓度在 0.1%~0.15% 时属于临界空气，室内空气的其他性状开始恶化，人们开始有不舒适感；室内二氧化碳浓度达到 0.15%~0.2% 属于轻污染的空气；二氧化碳浓度超过 0.2% 时属于严重污染的空气；浓度在 0.3%~0.4% 时人呼吸加深，出现头痛、耳鸣、脉搏滞缓、血压增加，8% 以上可引起死亡。从卫生学要求，室内二氧化碳浓度应在 0.07% 以下是最佳状态，最高不应超过 0.15%。

（五）一氧化碳

一氧化碳是公共场所空气中最为常见的有毒气体，其主要来源于人群吸烟、室内取暖煤炉、燃气泄漏。空气中一氧化碳进入肺泡后很快与血红蛋白（Hb）结合生成碳氧血红蛋白（COHb），阻止氧与 Hb 的结合，它不仅减少了红细胞的携氧能力，而且还抑制和减慢氧合血红蛋白（HbO_2）的解离能力，造成组织缺氧，使机体各项代谢发生紊乱。

世界卫生组织（WHO）推荐，空气中一氧化碳的浓度应以人群血中COHb不超过 2% 为主要限值指标。北京医科大学研究表明，当空气中一氧化碳的浓度为 $15mg/m^3$ 时，血中 COHb 为 1.97%（接近 2%），按照环境卫生基准资料，一氧化碳浓度为 $15mg/m^3$ 时，人群仅可暴露 1 小时。当一氧化碳浓度为 $10mg/m^3$ 时，血中 COHb 为 1.7%，对普通人群无影响，但对患有周围性血管病患者，特别是动脉硬化病患者有不良影响，同时对肺部疾病（如肺心病）患者的危害更大。

（六）甲醛

甲醛具有强刺激性，是可能的人类致癌物。它是室内建筑材料、装饰材料和家具等产生的有害气体。甲醛对人体的影响主要表现在刺激、过敏、肺功能异常、肝功能异常、免疫功能异常等方面。长期接触低浓度甲醛，会引起神经系统和呼吸系统的症状，短时间接触会出现呼吸系统症状和眼刺激症状。文献报道，室内甲醛浓度 $> 0.12mg/m^3$ 时，对人体健康有影响，无影响的浓度 $< 0.06mg/m^3$。美国、瑞典、德国、日本等国对居室中甲醛的最高容许浓度规定为 $0.12mg/m^3$（0.1ppm），WHO 建议室内（居室、卧室和工作室）甲醛浓度为 $0.12mg/m^3$。

（七）可吸入颗粒物

可吸入颗粒物（IP）是指粒径 $\leq 10\mu m$ 以下的颗粒，它可以进入人体上、下呼吸道，特别是进入下呼吸道，颗粒物粒径越小，在呼吸道内沉积愈深，危害越大，而多数污染物和微生物均吸附在 $\leq 10\mu m$ 粒径颗粒中，因此该指标具有重要的卫生学意义。可吸入颗粒物、二氧化碳和空气细菌总数三者之间有密切关系，是综合评价室内空气污染的重要指标。

公共场所尘埃有纸屑、衣服纤维、走道尘、微生物组成，其有机成分多，易悬浮。人员活动频繁、通风除尘不良、空调过滤材料不能及时更换都可使室内尘埃粒增加。这些尘埃经常是支气管哮喘的过敏源，并有加重呼吸道疾病的作用，也可引起各种呼吸道炎症。

（八）空气细菌总数

公共场所空气细菌主要来源于人们的活动，实验证明，空气微生物附集于固体或液体颗粒上而悬浮于空气中，特别是湿度大、灰尘多、通风不良、日光不足的情况下，细菌生存时间和致病性可以保持较长时间。公共场所空气中存在的病原微生物主要有结核分枝杆菌、白喉杆菌、溶血性链球菌、金黄色葡萄球菌、脑膜炎双球菌、流感病毒等，带菌飞沫可喷射至 1.5~2m 远处，这些小滴可在空气中悬浮 4~6 小时，可引起以呼吸道传染病为主的多种传染病的传播及公共场所就业员免疫水平下降。因此,对公共场所微生物的污染程度作出数量上的限制是十分有必要的。目前以病原体作为直接评价指标在技术上还有一定困难,所以仍以细菌总数作为室内空气细菌的评价指标。

(九)噪声

凡是妨碍到人们正常休息、学习和工作的声音,以及对人们要听的声音产生干扰的声音,都属于噪声。噪声是一类引起人烦躁或音量过强而危害人体健康的声音。

在有噪声的情况下,一般谈话的传播都受到影响;当噪声为50dB(A)时,谈话的声音可在7m处听见;60dB(A)时,只能达到2m;70dB(A)时,仅为0.7m。噪声主要影响听力和心理状态,噪声对脑力劳动者影响最大,国际标准化组织(ISO)规定,对脑力劳动者噪声限平均水平为45dB(A),最人不可超过65dB(A)。

噪声可造成心理紧张,影响自主神经系统和内分泌系统。噪声还可造成交感神经系统紧张从而使心动过速、血压升高、胃肠活动受抑制、出冷汗、面色发青等。

对各类公共场所来说,既要防止噪声的侵扰,更要防止本身噪声的产生。

(十)照度

太阳辐射光谱和人工光源中的可视部分(400~760nm)经视觉(眼睛)刺激大脑皮层,影响大脑皮层兴奋和抑制过程,从而作用于人体的各个系统,改变人体的生理反应和精神反应,以保持人体生产活动和生活活动的正常化和有序化。采光和照明过于强烈或昏暗,对人体是一种不良的刺激,不仅对全身一般生理状况有不良影响,而且由于视功能的过度紧张可导致全身疲劳。合理的采光和照明,能有效地调节人体的生理活动和物质代谢,使视功能和神经系统处于舒适状态,协调全身的紧张度。

公共场所适宜的采光和照明可以减少视力疲劳,提高舒适度。阅读环境或精细作业环境(如书店、图书馆、商场柜台等)照度不得低于100lx。非阅读场所(如车站站厅站台)照度可在100lx以下。人工照明的卫生要求应保证:照度充足、均匀、光谱接近日光光谱、不形成浓影和眩目。

(十一)新风量

通风是为了保证带空调设施的公共场所室内有充足的新鲜空气,使空气质量符合卫生学要求(维持室内适宜的微小气候)。我国公共场所卫生标准中新风量一般要求每人不<20m³/h,《室内空气质量标准》(GB/T 18883—2002)中要求办公建筑物内新风量每人应不<30m³/h。

三、常用检测方法

(一)物理法

物理法是目前应用最为成熟的现场快速检测方法,绝大部分卫生学指标可以直接用于定量检测,如温湿度、噪声、风速、场强等。

(二)电化学法

电化学法主要用于各类有毒有害气体的检测,如抑制胆碱酯酶、亚硝酸盐、甲醛的检测等。是目前测毒类现场快速检测使用最广泛的一种技术。电化学法的核心是定电位电解式气体传感器。

(三)分光光度法

分光光度法,又称吸收光谱法,是通过测定被测物质在特定波长处或一定波长范围内光的吸收度,对该物质进行定性和定量分析的方法。在分光光度计中,将不同波长的光连续地照射到一定浓度的样品溶液时,可得到与不同波长相对应的吸收强度,绘出该物质的吸收光谱曲线。

以旅店业为例:

1. 旅店客房卫生标准值 见表4-4。

表4-4 旅店客房卫生标准值

项目	3~5 星级饭店、宾馆	1~2 星级饭店、宾馆和非星级带空调的饭店、宾馆	普通旅店招待所
温度,℃　冬季	> 20	> 20	≥ 16(采暖地区)
夏季	< 26	< 28	—
相对湿度,%	40~65	—	—
风速,m/s	≤ 0.3	≤ 0.3	—
二氧化碳,%	≤ 0.07	≤ 0.10	≤ 0.10
一氧化碳,mg/m^3	≤ 5	≤ 5	≤ 10
甲醛,mg/m^3	≤ 0.12	≤ 0.12	≤ 0.12
可吸入颗粒物,mg/m^3	≤ 0.15	≤ 0.15	≤ 0.20
空气细菌总数			
a. 撞击法,cfu/m^3	≤ 1000	≤ 1500	≤ 2500
b. 沉降法,个/皿	≤ 10	≤ 10	≤ 30
台面照度,lx	≥ 100	≥ 100	≥ 100
噪声,dB(A)	≤ 45	≤ 55	—
新风量,$m^3/(h \cdot 人)$	≥ 30	≥ 20	—
床位占地面积,$m^2/人$	≥ 7	≥ 7	≥ 4

2. 公共用品清洗消毒判定标准表 4-5

表 4-5 公共用品清洗消毒判定标准

项目	细菌总数	大肠菌群 个 /50cm²	致病菌 个 /50cm²
茶具	< 5CFU/ml	不得检出	不得检出
毛巾和床上卧具	< 200CFU/25cm²	不得检出	不得检出
脸(脚)盆、浴盆、座垫、拖鞋	—	—	不得检出

第七节 现场采样操作的质量控制

一、现场采样操作原则

(一)合法性原则

检测机构及人员、检测的方法和频率、检测项目和操作规程以及出具检测报告的形式应符合有关法律、法规、规章、标准和技术规范的要求。

(二)规范性原则

检测机构和人员开展卫生监督检测工作,要明确现场快速检测的程序、要求,规范机构和个人的行为,检测人员按照操作技术规程和要求开展现场检测工作,提高检测工作的质量,保证出具数据的科学性、准确性和可靠性。

(三)准确性原则

检测结果报告是卫生监督检测工作质量的最终体现。检测结果的准确性和可靠性直接关系到管理相对人的切身利益,也关系到卫生行政执法的形象和威信。要保证现场快速检测结果的准确性,应建立质量保证体系,包括设备的检定、试剂的采购与管理,人员的培训与考核,成立管理机构,明确职责,确定工作程序等。

二、现场质量控制

1. 每次监测前应对现场监测人员进行工作培训,其内容包括监测目的、计划安排、监测技术的具体指导和要求、记录填写等,以确保工作质量。

2. 现场采样前,应详细阅读仪器的使用说明,熟悉仪器性能及适用范围,能正确使用监测仪器。

3. 每件仪器应定期进行检定,修理后的仪器应重新进行计量检定。每次连续监测前应对仪器进行常规检查。

4. 采样器的流量于每次采样之前进行流量校正。

5. 使用化学法现场采集样品时,应设空白对照,采平行样。

第八节 监测数据整理

一、正确应用测量不确定度

不确定度的来源反映了各种来源不同的误差对结果的影响,且有时不是独立或单独出现的。对于检测项目本身存在修正值和修正因子的,应将测量结果加上修正值或乘以修正因子后一定程度上补偿或减少误差的影响。

二、科学进行数值修约

1. 有效数字是指在检测、测量时实际能够测到的数字,有效数字的位数与检测和分析方法及测量仪器的准确度有关,同一检测方法下检测结果有效数字的位数不同表明测量仪器的准确度的不同。

2. 保留有效数字位数的原则是只允许在末位保留一位可疑数,有效数字位数反映了测量的准确程度,绝不能随意增加或减少。

3. 在计算一组准确度不等(有效数字位数不等)的数据前,应采用"四舍六入五留双""四舍六入五考虑""五后非零则进一""五后皆零视奇偶""五前为奇则进一""五前为偶则舍弃"的规则将多余数字进行修约,最后根据误差传递规律进行有效数字的运算。几个数据相加减时,和(或)差有效数字保留的位数,应以小数点后位数最少(绝对误差最大)的数据为依据;几个数据相乘除时,积或商有效数字保留的位数,应以相对误差最大(有效数字位数最少)的数据为准,即在运算过程中不应改变测量的准确度。

4. 正确的数字修约可以导致不确定度呈均匀分布,达到简化计算并准确表达测量结果的作用,还需注意的是不允许连续修约,多次连续修约将会产生不确定度的累积。

三、正确编制检测报告

1. 将获得的监测数据归类,分组整理后提出平均值、检出最高值和最低值范围,并与卫生标准比较,以合格率的方式描述。对于两组资料的比较,必须注意其间的可比性。

2. 根据监测结果和检查结果进行综合分析,对被监测单位作出卫生质量检测报告。

第九节 公共场所检验、检测与评价报告基本要素

一、检测报告编制内容要求

1. 检测报告应加盖计量认证 CMA 章和检测单位公章。但对于未获得计量认证资质的单位或含有不在计量认证范围内项目的检测报告,不能出具加盖计量认证 CMA 章的检测报告。

2. 检测报告应具有检测结果所必需以及所用检测方法规定的全部信息,符合和参照《检测和校准实验室能力认可准则》的要求。检测报告格式应统一,其设计由检测单位负责组织实施,经批准后方可投入使用。

3. 出具的检测报告除非有其他的充分理由,一般应至少包括下列信息:①标题;②检测单位名称和地址,以及进行检测的地点,必要时给出电话、电子邮箱、网站等信息;③检测报告的唯一性标识和每一页上的标识,以确保能够识别该页是属于检测报告的一部分,以及表明检测报告结束的清晰标识;④被检单位的名称和地址;⑤所用检测标准和检测方法的识别;⑥检测样品的描述、状态和明确的标识;⑦对结果的有效性和应用至关重要的检测样品的检测日期或送检日期;⑧如与结果的有效性或应用相关时,所用的抽样计划和程序的说明;⑨检测和校准的结果,适用时应写明测量单位;⑩检测报告批准人的姓名、职务、签字或等效的标识。

4. 检测报告中应出具正确的检测结果,一般检测结果的格式内容是由检测项目(名称)、对应该检测项目使用的计量单位、检测方法和检测、测量条件、样品的检测数据和结果、结论等各项因素组成,且检验报告应使用法定计量单位,不允许使用其他非法定计量单位。

5. 当需要对检测结果作出解释时,检测报告中还应包括下列内容:①符合或不符合要求或规范的声明;②必要时,在检测报告上加注使用测量不确定度的声明;③适用且需要时,提出意见和解释;④特定方法、被测单位或群体的附加信息。

6. 对含抽样结果在内的检测报告,当需对检测结果作出解释时,除上述要求之外,还应包括下列内容:①抽样日期;②抽样地点和位置(包括简图、草图或照片);③与抽样方法和程序有关的执行标准或规范;④抽样人;⑤列出所用的抽样计划;⑥抽样过程中可能影响检测结果解释的环境条件的详细信息。

7. 当报告包含意见解释时,则应把意见和解释的依据制订成文件,意见和解释应在报告中被清晰地标注。

二、检测报告的核准、发放

1. 检测报告经编制完成后,由专职人员进行校核,及时发现检测报告编制过程是否符合检测工作程序和专业技术要求。校核完成后交负责人进行审核,如果在审核检测报告过程中,发现报告数据与原始数据记录存在差错,应由现场检测人员负责在原始报告资料中按规定要求进行更改,如果是检测报告打印错误,应及时指出并由文印部门重新打印,原错误的检测报告应及时注销。在原始报告资料中进行更改时,应在原字样划横线并在其上、下方重新填写正确数据,并由更改人签字盖章。对需要进行多次更改的,必要时应另行填写。

2. 检测报告书的发出应有完善的发放制度,做到及时登记,由被测单位自取检测报告的应在检测报告登记册上签名。

3. 检测报告至少应一式两份,正本发放给被测单位,副本应包括检测报告书及检测报告(底稿)、样品流转卡、现场检测样品卡、非产品样品采样记录和检测过程的各类原始记录等资料,由专门部门负责汇总整理成册后归档,并定期交档案管理员归档保存,发出后但因错误而收回的检测报告原件也须归档保存。

三、检测报告的差错处理

1. 对已发出的检测报告,如果发现其检测结果的准确性、有效性存在疑问时,应立即书面通知被测单位,停止使用编号为 ××× 的检测报告,并将有关情况通报负责人,及时按照规定进行修改,并要求对存在的问题提出修改或补充检测报告的处理意见。

2. 被测单位对收到的检测报告提出一般性疑问的由部门负责人负责处理,提出重大疑问的应由单位分管负责人处理。对已签发并发出的检测报告需作重大或实质性修改、更正时,应由原报告编制人员提出更改报告,按规定履行报告的审批手续,并将原检测报告收回,经重新编制后发布全新的检测报告书,标注唯一性标识,并在检测报告适当位置作出原报告作废的声明和注明所代替的原检测报告名称和编号。

第五章

公共场所危害健康事故处置

第一节 公共场所危害健康事故的定义及分类

公共场所危害健康事故是指公共场所内发生的传染病疫情或者因空气质量、水质不符合卫生标准、用品用具或者设施受到污染导致的危害公众健康事故。

一、传染病疫情

1. 非典、禽流感、H1N1 及 H7N9 流感、风疹、流脑、麻疹、红眼病、军团菌肺炎和其他空气介质传播的传染性疾病。

2. 形成原因 当地出现散发或暴发病例。

二、空气质量不符合卫生标准

1. 有机污染物 甲醛、苯、丙酮、氯乙烯、苯乙烯等；无机污染物：氨、一氧化碳、二氧化碳等；放射性污染物：氡等；可吸入颗粒物：PM_{10}、$PM_{2.5}$ 等。

2. 形成原因 公共场所建筑材料污染、公共场所装潢材料污染、室外环境污染、公共场所人类活动污染。

三、水质不符合卫生标准

1. 生活饮用水水质超标、二次供水水质超标、分质供水水质超标。

2. 形成原因 水源水质污染、水厂制水工艺问题、供水管网污染、二次供水污染、直饮水处理问题、投毒行为。

四、用品用具或者设施受到污染

1. 公共用品用具和卫生设施遭受污染所致的传染性疾病和皮肤病，如性病、艾滋病、皮肤癣等；因使用化妆品所致的毁容、脱发及皮肤病，如过敏性皮炎及各种皮肤损伤等。

2. 形成原因　公共用品用具和卫生设施未按规定清洗消毒、化妆品等公共用品受到汞、铅等化学物或致病菌微生物污染。

五、意外事故

1. 氯气中毒、CO 中毒（包括煤气中毒）、CO_2 中毒、其他中毒事件。

2. 形成原因　氯气泄漏、消毒剂保存、使用操作不规范、锅炉、餐饮加工等过程中泄漏或燃烧不完全。

六、突发中毒事件分级

目前国家没有公共场所危害健康事件具体分级的规定。下面以某省为例，根据突发中毒事件危害程度和涉及范围等因素，将突发中毒事件分为四级：特别重大（Ⅰ级）、重大（Ⅱ级）、较大（Ⅲ级）、一般（Ⅳ级）。

（一）特别重大（Ⅰ级）

1. 一起突发中毒事件，中毒人数在 100 人及以上且死亡 10 人及以上；或死亡 30 人及以上。

2. 在一个县（市）级行政区域 24 小时内出现 2 起及以上可能存在联系的同类中毒事件时，累计中毒人数 100 人及以上且死亡 10 人及以上；或累计死亡 30 人及以上。

3. 全国 2 个及以上省（自治区、直辖市）发生同类重大突发中毒事件（Ⅱ级），并有证据表明这些事件原因存在明确联系。

4. 国务院及其卫生计生行政部门认定的其他情形。

（二）重大（Ⅱ级）

1. 一起突发中毒事件暴露人数 2000 人及以上。

2. 一起突发中毒事件，中毒人数在 100 人及以上且死亡 2~9 人；或死亡 10~29 人。

3. 在一个县（市）级行政区域 24 小时内出现 2 起及以上可能存在联系的同类中毒事件时，累计中毒人数 100 人及以上且死亡 2~9 人；或累计死亡 10~29 人。

4. 全省 2 个及以上市（地）级区域内发生同类较大突发中毒事件（Ⅲ级），并有证据表明这些事件原因存在明确联系。

5. 省级及以上人民政府及其卫生计生行政部门认定的其他情形。

（三）较大（Ⅲ级）

1. 一起突发中毒事件暴露人数 1000~1999 人。

2. 一起突发中毒事件，中毒人数在 100 人及以上且死亡 1 人；或死亡 3~9 人。

3. 在一个县（市）级行政区域 24 小时内出现 2 起及以上可能存在联系的

同类中毒事件时，累计中毒人数 100 人及以上且死亡 1 人；或累计死亡 3~9 人。

4．全市（地）2 个及以上县（市）、区发生同类一般突发中毒事件（Ⅳ级），并有证据表明这些事件原因存在明确联系。

5．市（地）级政府及其卫生计生行政部门认定其他情形。

（四）一般（Ⅳ级）

1．一起突发中毒事件暴露人数在 50~999 人。

2．一起突发中毒事件，中毒人数在 10 人及以上且无人员死亡；或死亡 1~2 人。

3．在一个县（市）级行政区域 24 小时内出现 2 起及以上可能存在联系的同类中毒事件时，累计中毒人数 10 人及以上且无人员死亡；或死亡 1~2 人。

4．县（市）级及以上人民政府及其卫生计生行政部门认定的其他情形。

七、传染病的分类和传播途径

根据传播途径的不同传染病一般分为五类：

1．呼吸道传染病　多见于冬春季节。如流行性感冒、传染性非典型肺炎、流行性脑脊髓膜炎（流脑）、上呼吸道感染（上感）、肺结核等。传播方式是病原体通过空气、借助飞沫经呼吸道侵入人体引起感染。

2．肠道传染病　多见于夏秋季节。如甲型病毒性肝炎、伤寒、霍乱、细菌性痢疾。通过公共场所的食品、公共用具和公共用品、水源而传播。

3．血源传染病　如乙型病毒性肝炎、艾滋病等。通过输血或共用不洁医疗用品而传播。

4．性传播疾病　如艾滋病、淋病、梅毒、阴道滴虫病等。通过不洁性交或公共场所的公共用品传播。

5．虫媒和自然疫源性传染病　多见于夏秋季节。如流行性乙型脑炎、斑疹伤寒。以公共场所的蚊子、虱子为传播媒介。还有一些传染病，如沙眼、流行性结膜炎（红眼病）、手足癣等。主要通过公共场所的公共用品传播。

第二节　公共场所危害健康事故报告

一、责任报告单位

公共场所危害健康事故的发生单位、医疗保健机构、疾病预防控制机构均为责任报告单位。

二、责任报告人

公共场所危害健康事故发生单位负责人、医疗保健机构及疾病预防控制机构其执行职务的人员、发生公共场所危害健康事故相关人员。

三、报告时限和程序

报告单位和报告人发现公共场所危害健康事故,应当按有关报告规定尽快向当地卫生计生行政部门报告。

接到公共场所危害健康事故报告后,接报人应及时填写《公共场所危害健康事故报告登记表》,对事故发生情况进行登记,登记内容应准确、详细记录,不能缺项。应当在2小时内向所在地卫生计生行政部门报告。接到报告的卫生计生行政部门应当在2小时内向本级人民政府报告,同时向上级卫生计生行政部门报告,并应立即组织进行现场调查确认,及时采取措施,随时报告情况,并指定机构进行网络直报。

四、报告内容

公共场所危害健康事故报告的主要内容:事件发生时间、地点、发病人数和范围、患者主要症状、可能的原因及已经采取的措施、事件的发展趋势等。

第三节　公共场所危害健康事故处置

依据《中华人民共和国传染病防治法》《中华人民共和国突发事件应对法》《突发公共卫生事件应急条例》《公共场所卫生管理条例》《危险化学品安全管理条例》《公共场所卫生管理条例实施细则》《国家突发公共卫生事件应急预案》《国家突发公共事件医疗卫生救援应急预案》《卫生部突发中毒事件卫生应急预案》《国家卫生计生委印发人感染H7N9禽流感疫情防控方案》《非职业性一氧化碳中毒事件应急预案》其他致病微生物引起的感染性和传染性疾病按相关预案,及各地人大、政府、部门出台的相关应急预案处置。

一、处置的原则

(一)预防为主　依法规范

提高对公共场所危害健康事故的防范意识,建立规范的公共场所危害健康事故应急处理工作制度,落实各项防范措施,做好人员、技术、物资和设备的应急储备工作。对可能引发公共场所危害健康事故的情况及时进行分析、预警,做到早发现、早报告、早处理。

(二)统一领导　分工协作

卫生计生行政部门负责公共场所危害健康事故卫生应急处置的统一领导和指挥,卫生计生执法监督机构、疾病预防控制中心、各医疗机构要按照各自的职责,做好卫生应急的调查、控制、救治工作。

(三)快速及时　措施果断

要按照相关法律、法规和规章的规定,完善公共场所危害健康事件应急体系,对公共场所危害健康事故和可能发生的事故做出快速反应,及时、有效开展报告和处理工作。

二、处置的基本方法

(一)建立组织指挥体系

成立公共场所危害健康事故应急处置工作领导小组,由卫生计生行政部门、卫生执法监督机构、疾病预防控制中心和医疗机构等单位领导和专业人员参加。

(二)明确工作职责

1. 公共场所危害健康事故应急处置工作领导小组负责本地公共场所危害健康事故应急处理工作的组织、指挥、协调和培训等工作。

2. 卫生执法监督机构具体承担对事故相关单位、涉及公共场所卫生安全的产品和现场等进行调查取证,对事故现场采取行政控制措施,对违法行为实施行政处罚。

3. 疾病预防控制中心具体承担公共场所危害健康事故样品检测、个案调查、分析。

4. 各医疗机构具体承担公共场所危害健康事故的医疗救治。

(三)调查和处理

1. 调查　接报后,立即召集应急小组人员对报告情况进行初步分析和判断,组织公共场所危害健康事故应急处理小组人员,携带相关文书和取证、采样工具、医疗救治设备等赶赴事件现场。如《公共场所危害健康事故个案调查表》《现场笔录》《询问笔录》《卫生执法监督意见书》《卫生行政控制决定书》《封条》《当场行政处罚决定书》;现场调查检查所需的测试、采样及调查取证器材:照相机、录音笔、摄像机及快速测定仪器等;防护器材、防护服、身份证、工作证、执法证等。

对可疑公共场所危害健康事故场所进行现场卫生学调查,并制作相关的调查笔录,采集与公共场所危害健康事故调查相关的样品送检。

2. 控制　控制相关可疑的公共用具、用水和卫生设施。

在现场卫生学调查和采样任务完成后,由相关单位对事故现场进行杀菌消毒、通风排毒等无害化处理。

3. 处理　涉及病人救治的,在第一时间组织救治病人。

根据流行病学及现场卫生学调查和实验室检验结果,撰写调查报告,内容包括事件发生时间、地点、发病人数和范围、患者主要临床症状、流行病学资料分析、检验结果、调查结论、采取的措施和处理意见。对公共场所危害健康事故资料进行整理并归档。

对疑难的公共场所危害健康事故，由卫生计生行政部门组织专家进行分析论证，并按规定报告。经排查，如属于传染病疫情的，按相关传染病控制预案进行应急处理；疑似投毒的案件，应及时通知公安部门。

公共场所单位和个人违反公共场所卫生法规造成公共场所危害健康事故的，由卫生计生行政部门及卫生执法监督机构依据卫生法律法规实施行政处罚。

公共场所健康危害事故事件应急处置流程详见图 5-1。

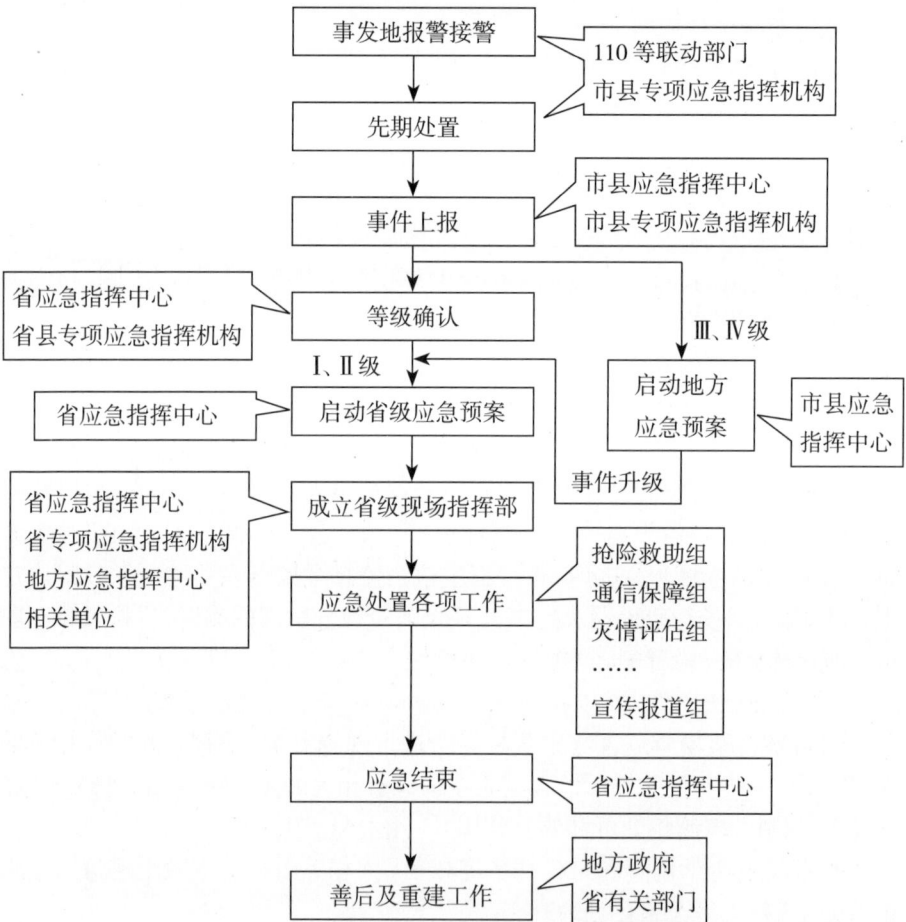

图 5-1　公共场所健康危害事故事件应急处置流程图

第四节 常见公共场所健康危害事故处置要点

1. 发生室内空气质量不符合卫生标准所致的虚脱休克、挥发性有机物等浓度过高造成的急慢性中毒事故时，经营者要及时将患者脱离现场，送医疗机构救治，疏散人群；采取开窗、机械送风等措施加强场所的通风，并及时按规定报告；疾病预防控制中心具体承担事故样品检测、个案调查、分析。卫生执法监督机构调查经营单位环境选址、设计、装修、通风设施等是否符合相关卫生标准、规范要求；使用集中空调通风系统的，是否符合相关卫生规范和清洗消毒规范要求；对事故现场采取行政控制措施，对违法行为实施行政处罚。

2. 发生一氧化碳、氯气等气体中毒事故时，经营者要及时将患者脱离现场，送医疗机构救治，疏散人群，并按规定报告；及时关闭或移除有毒有害气体来源；暂停空调使用，采用开窗换气、机械送风等措施加强场所的通风；疾病预防控制中心开展事故样品检测、个案调查、分析。卫生执法监督机构调查经营单位环境选址、设计、装修、通风设施等是否符合相关卫生标准、规范要求；使用集中空调通风系统的，是否符合相关卫生规范和清洗消毒规范要求；对事故现场采取行政控制措施，对违法行为实施行政处罚。

3. 发生公共用品用具或卫生设施遭受污染所致传染性疾病或皮肤病等事故时，经营者要停止使用遭污染的用品用具和设施，及时将患者脱离现场，送医疗机构救治，并按规定报告。疾病预防控制中心开展事故样品检测、个案调查、分析。卫生执法监督机构调查经营场所是否设置符合规范要求的清洗、消毒、保洁等卫生设施，卫生设施能否正常使用；可以反复使用的顾客用品用具是否一客一换，是否对用品用具和设施进行彻底清洗、消毒并做好保洁工作；是否重复使用一次性用品用具。是否按照规定配备有效的预防控制蚊、蝇、蟑螂、鼠和其他病媒生物的设施设备，是否配备废弃物存放专用设施设备，相关设施设备能否正常使用；是否及时清运产生的废弃物。对事故现场采取行政控制措施，对违法行为实施行政处罚。

4. 发生泳池水、浴池用水遭微生物污染所致疾病暴发（如急性出血性结膜炎等）等事故时，经营者要及时关闭遭污染的游泳场所或沐浴场所；及时将患者脱离现场，送医疗机构救治，并按规定报告。根据预案或卫生计生行政部门的指派，疾病预防控制中心开展事故样品检测、个案调查、分析。根据预案或卫生计生行政部门的指派，卫生执法监督机构调查经营场所是否配备池水循环净化消毒装置；游泳场所是否设置强制淋浴室和浸脚池是否正常使用；是否对游泳和沐浴场所进行彻底的清洗消毒；是否对泳池水、沐浴用水进行有效的清洗消毒并更换新水，水质检测合格后才重新开放。对事故现场采取行政控制措施,对违法行为实施行政处罚。

5. 发生传染病传播事故时,公共场所经营单位要及时进行疫情报告,不得瞒报、缓报、谎报或者授意他人隐瞒、缓报、谎报;要落实疑似传染病病人、密切接触者和(或)传染病病人及其环境、物品消毒隔离措施。

根据应急预案或卫生计生行政部门指派疾病预防控制中心负责开展病例检测、个案调查、分析等。

根据应急预案或卫生计生行政部门指派,卫生执法监督机构负责调查经营场所是否采用有效的空气消毒措施、是否有消毒记录,其中采用集中空调通风系统的,通风管道系统是否采用有效的空气消毒措施;现场检查室内是否加强通风换气,是否按规定对消毒效果进行抽检。检查所使用的消毒产品是否合法、有效,索证及卫生安全评价报告相关资料是否齐全;需要审批的产品,消毒方法(含消毒时间、消毒剂量等)应与审批的一致,需要进行卫生安全评价的产品,消毒方法(含消毒时间、消毒剂量等)是否与卫生安全评价的一致。是否建立健全卫生管理制度、重大突发传染病应急预案或预防控制方案;现场检查空气、环境表面、公共用品用具是否进行有效的清洗消毒处理及其相关记录。对事故现场采取行政控制措施,对违法行为实施行政处罚。

预防传染病的基本要求:按《传染病防治法》的规定,经常开展预防传染病的健康教育、疫情报告和志愿服务活动,使工作人员了解传染病疾病预防知识和防治措施,应做到"两熟知""两能够"(两熟知:熟知卫生计生行政部门公布的传染性疾病的症状、特征和预防措施;熟知所在地治疗传染性疾病或疑似病人留验站及医院的名称、地址和联系电话。两能够:能够对传染性疾病的表现症状做出大致判断和及时反映;能够及时履行报告制度,并搞好现场控制)。

建立预防传染性疾病的应急预案,并保证在传染性疾病流行期间,能够按应急预案的各项要求实施。加强对工作人员防疫工作的宣传和管理,对工作人员的个人卫生应有严格要求。加强对工作人员更衣室、宿舍的卫生和消毒管理。传染性疾病流行暴发期间,工作人员应建立每天健康检查制度,并按卫生部门的具体要求进行检查,凡经诊断为传染性疾病者疑似病症者,必须立即停止工作并隔离。

6. 发生饮用水或二次供水事故时,公共场所经营单位要采取停止供水措施,及时报告,不得瞒报、缓报、谎报或者授意他人隐瞒、缓报、谎报;疾病预防控制中心开展水质检测、个案调查、分析。

卫生执法监督机构调查二次供水管道走向;水箱结构和水箱内水质、内壁情况;水箱及水箱管道周围环境卫生情况;水箱的卫生防护情况,包括通气孔防护网罩、出入口封闭严密程度、泄水管溢水管防护网罩、有无防倒虹吸的阀门等；水箱管道(如泄水管、溢水管)是否与下水道直接相连，有无破损、渗漏；水箱日常维护情况和清洗消毒水箱记录等。公共场所经营单位是否建立健全二次供水卫生管理制度和卫生管理档案，是否定期检查各项卫生制度、措施的落实，及时消除供水安全隐患；是否安排未经相关卫生法律知识和供水卫生知识培训和未取得健康合格证明的供、管水人员上岗；是否安排患有有碍饮用水卫生疾病的或病原携带者从事直接供、管水工作；储备、使用的涉及饮用水卫生安全的产品、消毒产品是否合法、有效，索证及卫生安全评价报告是否齐全，产品说明书、标签铭牌是否与审批或卫生安全评价报告时的一致；对使用的涉水产品、消毒产品进行自检，检测结果是否符合国家相关标准、规范。

第六章
公共场所行政处罚案由及执法监督要点

第一节 《条例》《细则》案由介绍

一、案由 1：未依法取得公共场所卫生许可证擅自营业

（一）法律依据

1.《公共场所卫生管理条例》第八条

第八条 除公园、体育场（馆）、公共交通工具外的公共场所，经营单位应当及时向卫生行政部门申请办理"卫生许可证"。"卫生许可证"两年复核一次。（目前已实施先照后证并取消复核）

2.《公共场所卫生管理条例实施细则》第二十二条第二款

第二十二条 国家对公共场所实行卫生许可证管理。

公共场所经营者应当按照规定向县级以上地方人民政府卫生行政部门申请卫生许可证。未取得卫生许可证的，不得营业。

（二）违反条款

1.《公共场所卫生管理条例》第十四条第一款第（四）项

第十四条 凡有下列行为之一的单位或者个人，卫生防疫机构可以根据情节轻重，给予警告、罚款、停业整顿、吊销"卫生许可证"的行政处罚：

……

（四）未取得"卫生许可证"，擅自营业的。

2.《公共场所卫生管理条例实施细则》第三十五条第一款、第三十五条第一款第（一）项、第（二）项、第（三）项（唯一可以不需要警告直接处罚的情况）。

第三十五条 对未依法取得公共场所卫生许可证擅自营业的，由县级以上地方人民政府卫生行政部门责令限期改正，给予警告，并处以五百元以上五千元以下罚款；有下列情形之一的，处以五千元以上三万元以下罚款：

（一）擅自营业曾受过卫生行政部门处罚的。

（二）擅自营业时间在三个月以上的。

（三）以涂改、转让、倒卖、伪造的卫生许可证擅自营业的。

二、案由 2：未按照规定对公共场所的空气、微小气候、水质、采光、照明、噪声、顾客用品用具等进行卫生检测

（一）法律依据

《公共场所卫生管理条例》第三条第一款

第三条　公共场所的下列项目应符合国家卫生标准和要求：

（一）空气、微小气候（湿度、温度、风速）。

（二）水质。

（三）采光、照明。

（四）噪声。

（五）顾客用具和卫生设施。

《公共场所卫生管理条例实施细则》第十一条第一款、第十二条、第十三条第一款、第十四条、第十九条第一款

第十一条　公共场所经营者应当保持公共场所空气流通，室内空气质量应当符合国家卫生标准和要求。

公共场所采用集中空调通风系统的，应当符合公共场所集中空调通风系统相关卫生规范和规定的要求。

第十二条　公共场所经营者提供给顾客使用的生活饮用水应当符合国家生活饮用水卫生标准要求。游泳场（馆）和公共浴室水质应当符合国家卫生标准和要求。

第十三条　公共场所的采光照明、噪声应当符合国家卫生标准和要求。

公共场所应当尽量采用自然光。自然采光不足的，公共场所经营者应当配置与其经营场所规模相适应的照明设施。

公共场所经营者应当采取措施降低噪声。

第十四条　公共场所经营者提供给顾客使用的用品用具应当保证卫生安全，可以反复使用的用品用具应当一客一换，按照有关卫生标准和要求清洗、消毒、保洁。禁止重复使用一次性用品用具。

第十九条　公共场所经营者应当按照卫生标准、规范的要求对公共场所的空气、微小气候、水质、采光、照明、噪声、顾客用品用具等进行卫生检测，检测每年不得少于一次；检测结果不符合卫生标准、规范要求的应当及时整改。

（二）违反条款

《公共场所卫生管理条例》第十四条第一款第一项：

凡有下列行为之一的单位或者个人,卫生防疫机构可以根据情节轻重,给予警告、罚款、停业整顿、吊销"卫生许可证"的行政处罚:

(一)卫生质量不符合国家卫生标准和要求,而继续营业的。

《公共场所卫生管理条例实施细则》第三十六条第(一)项

第三十六条 公共场所经营者有下列情形之一的,由县级以上地方人民政府卫生计生行政部门责令限期改正,给予警告,并可处以二千元以下罚款;逾期不改正,造成公共场所卫生质量不符合卫生标准和要求的,处以二千元以上二万元以下罚款;情节严重的,可以依法责令停业整顿,直至吊销卫生许可证:

(一)未按照规定对公共场所的空气、微小气候、水质、采光、照明、噪声、顾客用品用具等进行卫生检测的。

……

三、案由 3：未按照规定对顾客用品用具进行清洗、消毒、保洁，或者重复使用一次性用品用具的

(一)法律依据

《公共场所卫生管理条例实施细则》 第十四条

第十四条 公共场所经营者提供给顾客使用的用品用具应当保证卫生安全,可以反复使用的用品用具应当一客一换,按照有关卫生标准和要求清洗、消毒、保洁。禁止重复使用一次性用品用具。

(二)违反条款

《公共场所卫生管理条例实施细则》第三十六条第(二)项

第三十六条 公共场所经营者有下列情形之一的,由县级以上地方人民政府卫生行政部门责令限期改正,给予警告,并可处以二千元以下罚款;逾期不改正,造成公共场所卫生质量不符合卫生标准和要求的,处以二千元以上二万元以下罚款;情节严重的,可以依法责令停业整顿,直至吊销卫生许可证:

……

(二)未按照规定对顾客用品用具进行清洗、消毒、保洁,或者重复使用一次性用品用具的。

四、案由 4：未按照规定建立卫生管理制度、设立卫生管理部门或者配备专（兼）职卫生管理人员，或者未建立卫生管理档案

(一)法律依据

1.《公共场所卫生管理条例》第五条

第五条　公共场所的主管部门应当建立卫生管理制度,配备专职或者兼职卫生管理人员,对所属经营单位(包括个体经营者,下同)的卫生状况进行经常性检查,并提供必要的条件。

2.《公共场所卫生管理条例实施细则》第七条第二款

第七条　公共场所的法定代表人或者负责人是其经营场所卫生安全的第一责任人。

公共场所经营者应当设立卫生管理部门或者配备专(兼)职卫生管理人员,具体负责本公共场所的卫生工作,建立健全卫生管理制度和卫生管理档案。

(二)违反条款

《公共场所卫生管理条例实施细则》第三十七条第(一)项

第三十七条　公共场所经营者有下列情形之一的,由县级以上地方人民政府卫生行政部门责令限期改正;逾期不改的,给予警告,并处以一千元以上一万元以下罚款;对拒绝监督的,处以一万元以上三万元以下罚款;情节严重的,可以依法责令停业整顿,直至吊销卫生许可证:

(一)未按照规定建立卫生管理制度、设立卫生管理部门或者配备专(兼)职卫生管理人员,或者未建立卫生管理档案的。

……

五、案由5:未按照规定组织从业人员进行相关卫生法律知识和公共场所卫生知识培训,或者安排未经相关卫生法律知识和公共场所卫生知识培训考核的从业人员上岗

(一)法律依据

1.《公共场所卫生管理条例》第六条

第六条　经营单位应当负责经营的公共场所的卫生管理,建立卫生责任制度,对本单位的从业人员进行卫生知识的培训和考核工作。

2.《公共场所卫生管理条例实施细则》第九条

第九条　公共场所经营者应当建立卫生培训制度,组织从业人员学习相关卫生法律知识和公共场所卫生知识,并进行考核。对考核不合格的,不得安排上岗。

(二)违反条款

《公共场所卫生管理条例实施细则》第三十七条第(二)项

第三十七条　公共场所经营者有下列情形之一的,由县级以上地方人民政府卫生行政部门责令限期改正;逾期不改的,给予警告,并处以一千元以上一万元以下罚款;对拒绝监督的,处以一万元以上三万元以下罚款;情节严重的,可以依法责令停业整顿,直至吊销卫生许可证:

......

（二）未按照规定组织从业人员进行相关卫生法律知识和公共场所卫生知识培训，或者安排未经相关卫生法律知识和公共场所卫生知识培训考核的从业人员上岗的。

......

六、案由6：未按照规定设置与其经营规模、项目相适应的清洗、消毒、保洁、盥洗等设施设备和公共卫生间，或者擅自停止使用、拆除上述设施设备，或者挪作他用的

（一）法律依据

《公共场所卫生管理条例实施细则》第十五条第一款、第二款

第十五条　公共场所经营者应当根据经营规模、项目设置清洗、消毒、保洁、盥洗等设施设备和公共卫生间。

公共场所经营者应当建立卫生设施设备维护制度，定期检查卫生设施设备，确保其正常运行，不得擅自拆除、改造或者挪作他用。公共场所设置的卫生间，应当有单独通风排气设施，保持清洁无异味。

（二）违反条款

《公共场所卫生管理条例实施细则》第三十七条第（三）项

第三十七条　公共场所经营者有下列情形之一的，由县级以上地方人民政府卫生行政部门责令限期改正；逾期不改的，给予警告，并处以一千元以上一万元以下罚款；对拒绝监督的，处以一万元以上三万元以下罚款；情节严重的，可以依法责令停业整顿，直至吊销卫生许可证：

......

（三）未按照规定设置与其经营规模、项目相适应的清洗、消毒、保洁、盥洗等设施设备和公共卫生间，或者擅自停止使用、拆除上述设施设备，或者挪作他用的。

（三）监督要点

1. 住宿场所　专用的饮具清洗消毒间、清洗工具、布草间、公共卫生间独立的排风设施、棉织品清洗设施。

2. 沐浴场所　浴池水循环净化消毒装置、修脚工具的消毒设施（专用的无臭氧紫外线箱消毒，或用高压消毒锅）、专用的饮具清洗消毒间、公共卫生间独立的排风设施。

3. 游泳场所　循环净化消毒补水等设备设施、浸脚消毒池、池水水质检测设备。

4. 美容美发场所　紫外线消毒箱、棉织品清洗设施。

七、案由 7：未按照规定配备预防控制鼠、蚊、蝇、蟑螂和其他病媒生物的设施设备以及废弃物存放专用设施设备，或者擅自停止使用、拆除预防控制鼠、蚊、蝇、蟑螂和其他病媒生物的设施设备以及废弃物存放专用设施设备的

（一）法律依据

《公共场所卫生管理条例实施细则》第十六条

第十六条　公共场所经营者应当配备安全、有效的预防控制蚊、蝇、蟑螂、鼠和其他病媒生物的设施设备及废弃物存放专用设施设备，并保证相关设施设备的正常使用，及时清运废弃物。

（二）违反条款

《公共场所卫生管理条例实施细则》第三十七条第（四）项

第三十七条　公共场所经营者有下列情形之一的，由县级以上地方人民政府卫生行政部门责令限期改正；逾期不改的，给予警告，并处以一千元以上一万元以下罚款；对拒绝监督的，处以一万元以上三万元以下罚款；情节严重的，可以依法责令停业整顿，直至吊销卫生许可证：

……

（四）未按照规定配备预防控制鼠、蚊、蝇、蟑螂和其他病媒生物的设施设备以及废弃物存放专用设施设备，或者擅自停止使用、拆除预防控制鼠、蚊、蝇、蟑螂和其他病媒生物的设施设备以及废弃物存放专用设施设备的。

……

八、案由 8：未按照规定索取公共卫生用品检验合格证明和其他相关资料

（一）法律依据

《实施细则》第八条第（七）项

（二）违反条款

《公共场所卫生管理条例实施细则》第三十七条第（五）项

第三十七条　公共场所经营者有下列情形之一的，由县级以上地方人民政府卫生行政部门责令限期改正；逾期不改的，给予警告，并处以一千元以上一万元以下罚款；对拒绝监督的，处以一万元以上三万元以下罚款；情节严重的，可以依法责令停业整顿，直至吊销卫生许可证：

……

（五）未按照规定索取公共卫生用品检验合格证明和其他相关资料的。

……

九、案由9：未按照规定对公共场所新建、改建、扩建项目办理预防性卫生审查手续

（一）法律依据

《公共场所卫生管理条例实施细则》第二十六条第一款

第二十六条　公共场所进行新建、改建、扩建的，应当符合有关卫生标准和要求，经营者应当按照有关规定办理预防性卫生审查手续。

……

（二）违反条款

《公共场所卫生管理条例实施细则》第三十七条第（六）项

第三十七条　公共场所经营者有下列情形之一的，由县级以上地方人民政府卫生行政部门责令限期改正；逾期不改的，给予警告，并处以一千元以上一万元以下罚款；对拒绝监督的，处以一万元以上三万元以下罚款；情节严重的，可以依法责令停业整顿，直至吊销卫生许可证：

……

（六）未按照规定对公共场所新建、改建、扩建项目办理预防性卫生审查手续的。

……

十、案由10：公共场所集中空调通风系统未经卫生检测或者评价不合格而投入使用

（一）法律依据

《实施细则》第十一条第二款

（二）违反条款

《公共场所卫生管理条例实施细则》第三十七条第（七）项

第三十七条　公共场所经营者有下列情形之一的，由县级以上地方人民政府卫生行政部门责令限期改正；逾期不改的，给予警告，并处以一千元以上一万元以下罚款；对拒绝监督的，处以一万元以上三万元以下罚款；情节严重的，可以依法责令停业整顿，直至吊销卫生许可证：

……

（七）公共场所集中空调通风系统未经卫生检测或者评价不合格而投入使用的。

……

十一、案由 11：未按照规定公示公共场所卫生许可证、卫生检测结果和卫生信誉度等级

（一）法律依据

《公共场所卫生管理条例实施细则》第十九条第三款、第二十五条第三款、第三十条第二款

第十九条第三款　公共场所经营者应当在醒目位置如实公示检测结果。

第二十五条第三款　公共场所卫生许可证应当在经营场所醒目位置公示。

第三十条第二款　公共场所卫生信誉度等级应当在公共场所醒目位置公示。

（二）违反条款

《公共场所卫生管理条例实施细则》第三十七条第（八）项

第三十七条　公共场所经营者有下列情形之一的，由县级以上地方人民政府卫生行政部门责令限期改正；逾期不改的，给予警告，并处以一千元以上一万元以下罚款；对拒绝监督的，处以一万元以上三万元以下罚款；情节严重的，可以依法责令停业整顿，直至吊销卫生许可证：

……

（八）未按照规定公示公共场所卫生许可证、卫生检测结果和卫生信誉度等级的。

……

十二、案由 12：未按照规定办理公共场所卫生许可证复核手续（已取消复核）

（一）法律依据

《公共场所卫生管理条例实施细则》第二十五条第二款

第二十五条第二款　公共场所卫生许可证有效期限为四年，每两年复核一次。

（二）违反条款

《公共场所卫生管理条例实施细则》第三十七条第（九）项

第三十七条　公共场所经营者有下列情形之一的，由县级以上地方人民政府卫生行政部门责令限期改正；逾期不改的，给予警告，并处以一千元以上一万元以下罚款；对拒绝监督的，处以一万元以上三万元以下罚款；情节严重的，可以依法责令停业整顿，直至吊销卫生许可证：

……

（九）未按照规定办理公共场所卫生许可证复核手续的。

十三、案由13：安排未获得有效健康合格证明的从业人员从事直接为顾客服务工作

（一）法律依据

1.《公共场所卫生管理条例》第七条

第七条　公共场所直接为顾客服务的人员,持有"健康合格证"方能从事本职工作。患有痢疾、伤寒、病毒性肝炎、活动期肺结核、化脓性或者渗出性皮肤病以及其他有碍公共卫生的疾病的,治愈前不得从事直接为顾客服务的工作。

2.《公共场所卫生管理条例实施细则》第十条第一款

第十条　公共场所经营者应当组织从业人员每年进行健康检查,从业人员在取得有效健康合格证明后方可上岗。

（二）违反条款

1.《公共场所卫生管理条例》第十四条第一款第（二）项

第十四条　凡有下列行为之一的单位或者个人,卫生防疫机构可以根据情节轻重,给予警告、罚款、停业整顿、吊销"卫生许可证"的行政处罚:

……

（二）未获得"健康合格证",而从事直接为顾客服务的。

……

2.《公共场所卫生管理条例实施细则》第三十八条

第三十八条　公共场所经营者安排未获得有效健康合格证明的从业人员从事直接为顾客服务工作的,由县级以上地方人民政府卫生行政部门责令限期改正,给予警告,并处以五百元以上五千元以下罚款;逾期不改正的,处以五千元以上一万五千元以下罚款。

十四、案由14：对发生的危害健康事故未立即采取处置措施,导致危害扩大,或者隐瞒、缓报、谎报的

（一）法律依据

1.《公共场所卫生管理条例》第九条

第九条　公共场所因不符合卫生标准和要求造成危害健康事故的,经营单位应妥善处理,并及时报告卫生防疫机构。

2.《公共场所卫生管理条例实施细则》第二十一条第一款、第二款

第二十一条　公共场所发生危害健康事故的,经营者应当立即处置,防止危害扩大,并及时向县级人民政府卫生行政部门报告。

任何单位或者个人对危害健康事故不得隐瞒、缓报、谎报或者授意他人

隐瞒、缓报、谎报。

（二）违反条款

《公共场所卫生管理条例实施细则》第三十九条

第三十九条　公共场所经营者对发生的危害健康事故未立即采取处置措施，导致危害扩大，或者隐瞒、缓报、谎报的，由县级以上地方人民政府卫生行政部门处以五千元以上三万元以下罚款；情节严重的，可以依法责令停业整顿，直至吊销卫生许可证。构成犯罪的，依法追究刑事责任。

第二节　各案由的执法监督要点

一、案由 1：未依法取得公共场所卫生许可证擅自营业

监督要点：

1. 以证据固定被处罚人无卫生许可证对外经营的违法事实。

2. 对于从事超出卫生许可证核准经营范围的营业行为，适用本案由。

3. 对于无证经营时间的判定应有发票、门票、物证、人证等证明材料。

4. 逾期未复核卫生许可证的，不适用本案由，应按照《公共场所卫生管理条例实施细则》第 37 条第（九）项继续处罚：责令改正、处罚、停业。

A 酒店未取得公共场所卫生许可证擅自营业案

【介绍】

2014 年 4 月 3 日，卫生监督员对 A 酒店进行监督检查，检查时该单位正在营业中。当场查见该单位"公共场所卫生许可证"，证上显示该酒店的经营范围为宾馆（主营）、游泳场（馆）、饭馆（餐厅）。在该酒店七楼查见泰丽丝水疗（SPA），内有三间房间，查见水疗价目表。监督员对该酒店七楼泰丽丝水疗（SPA）现场进行了拍照，并且根据检查情况制作了现场笔录，由 A 酒店签字确认。

调查过程中监督员查明该酒店七楼的泰丽丝水疗（SPA）对外主要开展美容项目的服务。该项目没有与酒店同时开张，而是在 2014 年 1 月 28 日开始对外营业，所持有的"公共场所卫生许可证"经营范围中没有美容项目。该酒店表示，在卫生监督员检查及解释相关规定后进行了三项整改工作。一是向区县卫生行政部门进行了原来卫生许可证的注销工作，并重新申请办理公共场所卫生许可证件。二是将原先客房中有的泰丽丝水疗（SPA）价目表全部撤掉。第三则是将电梯内关于七楼泰丽丝水疗（SPA）的铭牌用黑色胶带遮掉。

最终，由于 A 酒店的违法行为，卫生监督员依据《公共场所卫生管理条

例》第八条、《公共场所卫生管理条例实施细则》第二十二条第二款的规定,根据《公共场所卫生管理条例》第十四条第一款第(四)项、《公共场所卫生管理条例实施细则》第三十五条第一款的规定,对于当事人的违法行为作出如下行政处罚:警告,并罚款人民币肆仟元整,并责令其改正。

【分析】

关于"未取得公共场所卫生许可证擅自营业案"的调查,一要明确违法主体,二要确认违法行为,三则要确定违法持续时间。本案中,卫生监督员对这三个问题均进行了详细的调查,最终作出行政处罚的决定。

首先,明确卫生监督员于2014年4月3日查见的泰丽丝水疗(SPA)为A酒店自主经营项目,A酒店能提供其公共场所卫生许可证及营业执照,并且明确在经营活动产生的法律责任由A酒店自行承担,这就确定了违法主体及承担法律责任的主体。其次,A酒店在区县卫生计生行政部门没有核准"美容"项目的条件下,擅自开展美容服务,即属于未取得公共场所卫生许可证擅自营业,这是对违法行为的定性。再次,卫生监督员对违法行为的持续时间做了调查,因为违法行为持续时间的长短直接影响到裁量。最终明确A酒店经营的泰丽丝水疗(SPA)自2014年1月28日起开始营业,故截止到卫生监督员发现违法行为持续时间未超过三个月。

这个案件在违法行为的定性是一个关键点。A酒店本身是取得"公共场所卫生许可证"的,但是开展了一个未经过卫生计生行政部门批准的经营项目,对于这样的行为,卫生监督员做了如下的考量:

从法律规范角度上来讲,《公共场所卫生卫生管理条例实施细则》第二十七条第二款规定公共场所经营者变更经营项目、经营场所地址的,应当向县级以上地方人民政府卫生行政部门重新申请卫生许可证。此外,地方的《公共场所卫生许可证发放管理办法》也规定,除了单位名称、法定代表人或负责人、地址中的路名路牌(非迁址)以外,其他事项改变的应当重新申请《卫生许可证》。所以A酒店更改、扩大了他的经营项目应当重新办理"公共场所卫生许可证"。

从"公共场所卫生许可证"行政许可角度上来说,卫生计生行政部门在接受了相对人提出办理"公共场所卫生许可证"的申请后,除了要对各类书面材料进行审理,还需要到公共场所现场开展现场审核,确认现场、设施设备等符合相应的卫生标准要求,才能发给"公共场所卫生许可证"。所以,公共场所卫生许可证的实质是卫生计生行政部门对公共场所的卫生设施、卫生状况、各类材料等多方面的一种认可。从这个概念的理解上,A酒店的泰丽丝水疗(SPA)的实际经营场所未经过现场卫生计生行政部门的现场审查,不可能取得"公共场所卫生许可证"。

此外，在该案中，当事人曾表示泰丽丝水疗（SPA）为试营业，主要服务对象为酒店高层管理人员。但是通过当事人的陈述，卫生监督员发现其已经将泰丽丝水疗（SPA）的价目表放入客房，并在电梯内做了铭牌，与其所说"试营业且服务对象为酒店高级管理层"明显不符。

基于上述理由，卫生监督员认为公共场所 A 酒店的行为未取得公共场所卫生许可证擅自营业是有理有据的。

二、案由 2：未按照规定对公共场所的空气、微小气候、水质、采光、照明、噪声、顾客用品用具等进行卫生检测

监督要点：

1. 按规定，经营者进行卫生检测应每年不得少于一次。

2. 卫生检测的周期一般以自然年计。

3. 卫生检测项目应按照国家标准全部覆盖，并应符合《公共场所卫生检验方法 GB/T 18204.6—2013》的要求（有地方规定的按地方规定执行）。

4. 对于卫生检测或监督抽检中发现不符合卫生标准规定的，可按《公共场所管理条例》第十四条第一款第一项的规定进行处罚。

5. 对于经过责令改正且逾期不改正的，卫生监督机构必须进行监督抽检发现卫生指标不合格，造成公共场所卫生质量不符合卫生标准和要求的才能加重处罚。

6. 各类场所卫生检测要求

（1）住宿场所：

1）根据 GB 9663—1996 的检测要求，注明旅店的设计标准。

2）客房检测指标包括：温度、相对湿度（3~5 星级饭店、宾馆需检测）；风速（普通旅店、招待所可不检测）；一氧化碳、二氧化碳、甲醛；空气细菌总数、可吸入颗粒物；台面照度；噪声（普通旅店、招待所可不检测）；新风量（通风状况为自然通风可不检测，包括不使用空调及使用柜式、挂壁式空调、不使用新风系统的 VRV 空调等）；公共用品：细菌总数、大肠菌群、致病菌（金葡菌等）。

（2）游泳场所：

1）游泳场所在开放期间应该按国家标准和规范的要求定期检测，开放前全部项目应该合格。

《游泳场所卫生规范》第二十条第三项规定：人工游泳场所应设置专人负责池水净化消毒工作，并配备足量、符合国家卫生要求的净化、消毒剂。每场开放前、开放时均应进行池水余氯、pH 值、温度等检测，检测结果应公示并注明测定时间，且记录备查，检测结果应每月上报卫生监督部门。开放期间每月应由当地卫生检验部门进行检测，并出具检验报告。游泳池每年开放前和

连续开放期间应对卫生标准规定的全部项目进行检测。

2）按照《游泳场所卫生标准》（GB 9667—1996）的检测要求，卫生指标应全部检测合格。

3）人工游泳池（露天）检测项目为池水温度、pH 值、浑浊度、尿素、游离性余氯、细菌总数、大肠菌群。

4）游泳馆检测项目包括水质指标（池水温度、pH 值、浑浊度、尿素、游离性余氯、细菌总数、大肠菌群）、空气指标（冬季室温、相对湿度、风速、二氧化碳、空气细菌数）、水面照度。

（3）沐浴场所：

1）按照《公共浴室卫生标准》（GB 9665—1996）的检测要求，卫生指标应全部检测合格。

2）更衣室检测项目为室温、二氧化碳、一氧化碳、照度。

3）浴室（淋、池、盆浴）检测项目为室温、二氧化碳、照度、水温、浴池水浊度。

4）卫生用品、用具检测项目为毛巾（细菌总数、大肠菌群、金黄色葡萄球菌）、拖鞋（霉菌）。

（4）美容美发场所卫生要求检测：

1）按照《理发店、美容店卫生标准》（GB 9666—1996）中的检测要求，卫生指标全部检测合格。

2）空气质量指标包括二氧化碳、一氧化碳、甲醛、氨、空气细菌、可吸入颗粒。

3）卫生用品、用具：美容工具、理发工具大肠菌群和金黄色葡萄球菌不得检出。

某游泳池未按照规定对公共场所的水质进行卫生检测案

【介绍】

2016 年 8 月 1 日，上海市某区卫生行政部门接到社会举报，市民反映某健身会所游泳池水质差。8 月 2 日，监督执法人员到该游泳池监督检查，现场检测被处罚人游泳池深水区、浅水区水质，游离性余氯分别为 2.1mg/L、2.4mg/L。该游泳池公示的自检结果显示，10 点检测游泳池水质余氯为 0.7mg/L。某区卫生行政部门当日予以立案。

根据当事人的陈述、现场笔录、现场照片等证据，经调查核实，2016 年 8 月 2 日 10 时，该游泳池未使用直读检测设备，而采用目测比色法自检泳池水质游离性余氯，未按照规定对公共场所的水质进行卫生检测。当日上午，该游泳池停用自动加氯消毒设备，在游泳池边上直接向游泳池中添加三氯异氰尿酸钠消毒池水,擅自停止使用消毒设施设备。

该游泳池擅自停止使用消毒设施设备行为违反了《公共场所卫生管理条例实施细则》第十五条第二款的规定。某区卫生行政部门依据《公共场所卫生管理条例实施细则》第三十七条第(三)项的规定,责令该游泳池立即改正。

该游泳池的未按照规定对公共场所的水质进行卫生检测行为违反了《公共场所卫生管理条例实施细则》第十九条第一款的规定。某区卫生行政部门依据《公共场所卫生管理条例实施细则》第三十六条第(一)项的规定,于 2016 年 9 月 9 日对该游泳池的未按照规定对公共场所的水质进行卫生检测行为作出"警告、罚款人民币一千五百元"行政处罚,并于 9 月 12 日送达行政处罚决定书。该游泳池于 9 月 28 日自觉履行了本处罚决定。

【分析】

按照《公共游泳场所卫生管理规范》5.6 规定,游泳场所应配备检测余氯、浑浊度、pH 值、池水温度等直读的检测设备。对游泳池水进行自检时,当事人应采用直读式检测设备而非目测法,否则即为违反规定。

该案件从现场取得的证据中,无法认定当事人存在违法行为的事实。因为当事人的自检行为存在一过性,认定违法事实只能依据后续的调查取证。通过对当事人的询问,当事人承认了未按规定检测游泳池水质,由此确定了该案的违法事实。

本案在此违法行为的取证方面可进一步提高,今后办理类似案件可通过调取游泳池近期的监控视频等手段进一步固定证据,以与询问笔录形成证据链。

三、案由 3: 未按照规定对顾客用品用具进行清洗、消毒、保洁, 或者重复使用一次性用品用具的

监督要点:

1. 各类场所的具体规定依据有关标准、规范。

2. 本案由不适用水质、空气的检测结果。

3. 对检测结果有不合格项目的,不能直接按照"未按照规定对顾客用品用具进行清洗、消毒、保洁案"进行处罚。可按《公共场所管理条例》第十四条第一款第一项的规定进行处罚。

4. 使用本案由时,必须找出具体的未执行清洗、消毒、保洁的要求的行为进行处罚。

5. 对于经过责令改正且逾期不改正的,卫生监督机构必须进行监督抽检发现卫生指标不合格,造成公共场所卫生质量不符合卫生标准和要求的才能加重处罚。

6. 各类场所顾客用品用具要求

（1）住宿场所：

1）住宿业卫生规范第二十一条 公共用品用具清洗消毒：

第二十一条 公共用品用具清洗消毒

……

（二）供顾客使用的公共用品用具应严格做到一客一换一消毒。禁止重复使用一次性用品用具。

（三）清洗消毒应按规程操作，做到先清洗后消毒，使用的消毒剂应在有效期内，消毒设备（消毒柜）应运转正常。

2）住宿业卫生规范第二十二条：

第二十二条 客房服务

……

（二）床上用品应做到一客一换，长住客一周至少更换一次。

（三）清洁客房、卫生间的工具应分开，面盆、浴缸、坐便器、地面、台面等清洁用抹布或清洗刷应分设。

（四）卫生间内面盆、浴缸、坐便器应每客一消毒，长住客人每天一消毒。

（2）沐浴场所：

1）公用棉织品：供顾客使用的公共用品用具应严格做到一客一换一消毒。

2）拖鞋：有效氯含量为 1000mg/L 的消毒液中，浸泡 30 分钟，清洗后备用。

3）修脚工具：可采用专用的无臭氧紫外线箱消毒，或用高压消毒。

4）更衣箱：每天营业结束后清洁消毒。用有效氯含量为 250mg/L 的消毒溶液揩擦。

5）供顾客使用的浴盆、洗脸盆、擦背凳及擦背工具等：一客一消毒，采用有效氯含量为 250~500mg/L 的消毒液揩擦。

（3）美发场所：

1）毛巾、面巾、床单、被罩、按摩服、美容用具等公共用品用具：应一客一换一消毒，清洗消毒后分类存放。

2）美容美发工具：直接接触顾客毛发、皮肤的美容美发器械应一客一消毒。美发用围布每天应清洗消毒。

3）美容用盆（袋）应一客一用一换，美容用化妆品应一客一套。

4）美容从业人员应在操作前清洗、消毒双手，工作期间戴口罩，并使用经消毒的工具取用美容用品；理（美）发从业人员应在修面操作时戴口罩。

5）剃刀推剪等金属制品：紫外线（红外线）消毒箱（不可用 75% 的乙醇涂擦消毒）。

（4）游泳场所：游泳场所卫生规范（更衣箱、拖鞋）。

1）更衣箱：每天清洁消毒。用有效氯含量为 250mg/L 的消毒溶液揩擦。

2）拖鞋：有效氯含量为 1000mg/L 的消毒液中，浸泡 30 分钟，清洗后备用。

四、案由 4：未按照规定建立卫生管理制度、设立卫生管理部门或者配备专（兼）职卫生管理人员，或者未建立卫生管理档案

监督要点：

1. 是否建立相关的卫生管理档案（制度）　按照《公共场所卫生管理条例实施细则》第八条的规定。

第八条　公共场所卫生管理档案应当主要包括下列内容：

（一）卫生管理部门、人员设置情况及卫生管理制度。

（二）空气、微小气候（湿度、温度、风速）、水质、采光、照明、噪声的检测情况。

（三）顾客用品用具的清洗、消毒、更换及检测情况。

（四）卫生设施的使用、维护、检查情况。

（五）集中空调通风系统的清洗、消毒情况。

（六）安排从业人员健康检查情况和培训考核情况。

（七）公共卫生用品进货索证管理情况。

（八）公共场所危害健康事故应急预案或者方案。

（九）省、自治区、直辖市卫生行政部门要求记录的其他情况。

2. 是否设立卫生管理部门或者配备专（兼）职卫生管理人员　可根据各地实际情况进行判断。

五、案由 5：未按照规定组织从业人员进行相关卫生法律知识和公共场所卫生知识培训，或者安排未经相关卫生法律知识和公共场所卫生知识培训考核的从业人员上岗

监督要点：

1. 是否组织从业人员进行相关卫生法律知识和公共场所卫生知识培训　可以通过检查培训通知、培训课件、签到单等进行判断。

2. 是否通过卫生法律知识和公共场所卫生知识培训考核　可以通过检查其书面考卷进行判断。

六、案由 6：未按照规定设置与其经营规模、项目相适应的清洗、消毒、保洁、盥洗等设施设备和公共卫生间，或者擅自停止使用、拆除上述设施设备，或者挪作他用的

监督要点：

1. 是否按照公共场所国家卫生标准、规范的要求，设置与其经营规模、项目相适应的清洗、消毒、保洁、盥洗等设施设备和公共卫生间。

1）住宿场所：专用的饮具清洗消毒间、清洗工具、布草间、公共卫生间独立的排风设施、棉织品清洗设施。

2）沐浴场所：浴池水循环净化消毒装置、修脚工具的消毒设施（专用的无臭氧紫外线箱消毒，或用高压消毒锅）、专用的饮具清洗消毒间、公共卫生间独立的排风设施。

3）游泳场所：循环净化消毒补水等设备设施、浸脚消毒池、池水水质检测设备。

4）美容美发场所：紫外线消毒箱、棉织品清洗设施。

2. 是否未经卫生行政部门同意，擅自停止使用、拆除相关设施设备，或者挪作他用。

一起公共场所经营单位擅自拆除、挪用清洗、消毒设施案

【介绍】

2013 年 5 月 26 日，某区卫生局依法对 A 美容店进行现场监督检查时，查见该场所二楼前台处放置红外线消毒柜和紫外线消毒柜各 1 台，未查见该场所内设有消毒间，并在二楼卫生间的右侧查见新设的淋浴间。经查，A 美容店擅自拆除原消毒间内的水池等清洗、消毒设施，并将消毒间挪作淋浴间使用。某区卫生局就上述问题对该单位发出《责令改正通知书》，要求其于 14 日内改正违法行为。

2013 年 6 月 14 日，某区卫生局依法对 A 美容店进行复查，发现 A 美容店未进行任何形式的整改，随即立案处理。

某区卫生局认为，A 美容店的上述行为属于"擅自拆除清洗消毒设施设备，并挪作他用"，且在收到《责令改正通知书》后逾期未进行整改，其行为已经违反了《公共场所卫生管理条例实施细则》（以后简称《细则》）第十五条第二款的规定，依照《细则》第三十七条第（三）项的规定，对 A 美容店作出警告并罚款人民币五千元的行政处罚决定。

【分析】

（一）什么情况适用"擅自拆除、停用、挪用清洗消毒设施设备"这一案由？

一种观点认为：只要当事人存在擅自拆除、停用、挪用原许可中核定的清洗、消毒设施的行为，就违反了《细则》第三十七条第（三）项的规定，应该进行相应处理，同时应责令当事人恢复原状。另一种观点认为：如当事人擅自拆除、停用、挪用有关法律、法规、规章、卫生标准与规范明确规定应该配备的清洗、消毒设施的，可以按照《细则》第三十七条第（三）项的规定进行处理，如当事人拆除、停用、挪用的清洗消毒设施设备并没有被法律、法规、规章、卫

生标准与规范明确要求,同时其改用其他设施设备进行有效的清洗消毒,不应认定为"擅自拆除、停用清洗消毒设施设备",而应进行相应的指导,并对其使用的新的清洗消毒设施设备的情况进行记录。此种情形例如:理发店原先配备84消毒液和消毒桶对顾客用毛巾进行消毒,后发现化学消毒毛巾损耗较大,配备高温蒸汽消毒设备对毛巾进行消毒,同时其不再配备84消毒液和消毒桶。

案件承办人员经讨论认为第二种观点较为合理。当事人改变清洗消毒设施如未触犯有关法律、法规、规章,同时也符合有关卫生标准与规范的要求,不应受到行政处罚,这符合"法无明确禁止即自由"的法治精神。同时,"擅自拆除"主要适用于消毒间、水池等不可移动的清洗消毒设施,对于可移动的清洗、消毒设施设备(如消毒箱、消毒桶等)在经营场所内部进行移动,不应认定为"擅自拆除",而应进行相应的指导,使其符合有关卫生要求。

根据原卫生部《美容美发场所卫生规范》,"美容场所和经营面积在 50m^{2}以上的美发场所,应当设立单独的清洗消毒间,专间专用",因此本案当事人擅自拆除了国家卫生规范所明确规定应当设立的消毒设施,并挪作他用,应当按照"擅自拆除清洗消毒设施设备,并挪作他用案"进行行政处罚。

(二)本案对违法事实的固定

在本案调查过程中,监督员十分注重对违法事实的固定。在现场监督检查中,监督员对当事人二楼卫生间的右侧的淋浴间(即原消毒间)进行了不同距离、多角度取景的拍摄,并在谈话时要求当事人对所摄照片进行了签字确认;同时监督员调取许可档案,令当事人在许可图纸复印件上明确标出擅自拆除并挪作他用的消毒间的位置,并签字确认。对于当事人在首次违法时已收到责令改正通知书,但当事人逾期未改正的情况,也通过询问笔录进行了再次固定,并将首次责令改正通知书作为证据附入案卷,从而较好地固定了违法事实。

(三)本案是否涉及未按规定对顾客用品用具进行清洗、消毒?

本案当事人虽然擅自拆除消毒间,并将该场地挪作淋浴间使用,但在当事人场地内仍配备水龙头、红外线消毒箱、紫外线消毒箱等设施设备。当事人表示,其在拆除消毒间后,仍对顾客用品用具进行清洗、消毒:美容工具使用紫外线消毒箱消毒,美容小毛巾自行清洗后用红外线消毒箱消毒,美容大毛巾、床单等外送专业洗衣公司清洗消毒,并提供有关凭证。因此,本案中并无当事人未对顾客用品用具进行清洗、消毒的证据。而对于当事人的清洗消毒活动未在消毒间内开展,是否属于"未按规定"的问题,与"擅自拆除清洗消毒设施设备,并挪作他用"的违法行为存在牵连,应从一重而罚之。本案已经对当事人"擅自拆除清洗消毒设施设备,并挪作他用"的违法行为作出警告并罚款人民币五千元的行政处罚，因此不应再对其"未按规定"清洗消毒的行为进行处罚。

七、案由 7：未按照规定配备预防控制鼠、蚊、蝇、蟑螂和其他病媒生物的设施设备以及废弃物存放专用设施设备，或者擅自停止使用、拆除预防控制鼠、蚊、蝇、蟑螂和其他病媒生物的设施设备以及废弃物存放专用设施设备的

监督要点：

1. 是否按照规定配备预防控制鼠、蚊、蝇、蟑螂和其他病媒生物的设施设备以及废弃物存放专用设施设备：可以参照中华人民共和国国家质量监督检验检疫总局、中国国家标准化管理委员会于 2009 年 5 月 4 日发布、2009 年 12 月 1 日实施的《病媒生物密度监测方法》（GB/T 23795、23796、23797、23798—2009）以及中华人民共和国卫生部、中国国家标准化管理委员会于 2011 年 12 月 30 日发布、2012 年 4 月实施的《病媒生物密度控制水平》（GB/T 27770、27771、27772、27773—2011）的要求进行判断。

2. 是否擅自停止使用、拆除预防控制鼠、蚊、蝇、蟑螂和其他病媒生物的设施设备以及废弃物存放专用设施设备。

八、案由 8：未按照规定索取公共卫生用品检验合格证明和其他相关资料

监督要点：

公共卫生用品检验合格证明和其他相关资料包括：

1. 所用消毒剂是否有有效卫生许可批件或消毒产品卫生安全备案证明、生产企业卫生许可证以及生产厂家、生产日期、产品批号。

2. 提供给顾客使用的一次性卫生用品、化妆品是否中文标识规范，并附有必要的证明文件，如企业卫生许可证、检测报告等。

九、案由 9：未按照规定对公共场所新建、改建、扩建项目办理预防性卫生审查手续

监督要点：

1. 本案由针对公共场所新建、改建、扩建项目，《公共场所卫生管理条例实施细则》第二十六条第二款规定"预防性卫生审查程序和具体要求由省、自治区、直辖市人民政府卫生行政部门制定"，各地可根据实际情况进行判断。

2. 对于公共场所擅自增加经营范围的，不适用本案由，应按照案由 1"未依法取得公共场所卫生许可证擅自营业"进行处罚。

十、案由 10：公共场所集中空调通风系统未经卫生检测或者评价不合格而投入使用

监督要点：

1. 检查公共场所集中空调通风系统卫生检测报告，对照《公共场所集中空调通风系统卫生规范》（WS 394—2012），有无漏项（合理缺项除外）。

2. 检查集中空调通风系统卫生学评价报告，分析、调查、检测结果及评价结论中有无不合格项。

3. 明确该公共场所集中空调通风系统是否已经投入使用。

十一、案由 11：未按照规定公示公共场所卫生许可证、卫生检测结果和卫生信誉度等级

监督要点：

1. 公共场所卫生许可证、卫生检测结果和卫生信誉度是否在醒目位置公示：应是大厅（堂）公众区域进行公示，非办公室等内部工作场所。

2. 所公示的公共场所卫生许可证可以是复印件，但所载内容要和原件相符。

3. 所公示卫生检测结果，原则上要求是最新的检测报告，游泳场所同时有自测结果。

十二、案由 12：未按照规定办理公共场所卫生许可证复核手续（已取消复核的要求）

监督要点：

1. 每 2 年复核应为公共场所自身主动行为，卫生行政部门可以不统一告知。

2. 未复核不能直接等同于无证。对于满 2 年未复核的，卫生行政部门可以按照本案由实施处罚，但不能主动注销其"公共场所卫生许可证"，更不能以无证处罚。

十三、案由 13：安排未获得有效健康合格证明的从业人员从事直接为顾客服务工作

监督要点：

1. 一是通过核对直接为顾客服务的工作人员名单与健康合格证明名单，随机抽取相关人员；二是询问检查中所见正在为顾客服务的工作人员姓名并抽查其健康合格证明。

2. 对于如何认定"直接为顾客服务的从业人员"，目前尚无统一定义，建议按以下标准判断：该人员提供服务时直接面对顾客或其所服务的公用物品与顾客身体直接接触。

3. 加重处罚（逾期未改正，五千元以上一万五千）　原则上应根据有利于相对人原则，同一人再次未取得"健康合格证"的加重（也可以按照非同一人同一行为加重处罚）。

一起安排未获得有效健康合格证明的从业人员
从事直接为顾客服务工作

【介绍】

某市卫计委于 2013 年 7 月 24 日对某有限公司门店进行监督检查，检查时该店正在营业中。卫生监督员抽查了一名在岗直接为顾客服务的从业人员施某某，当场未能提供其有效的"健康合格证明"。在之后的调查过程中，该店提供了施某某的两张健康体检收费收据，日期分别为 2012 年 9 月 11 日、2013 年 7 月 24 日。经调查发现施某某虽然于 2012 年 9 月 11 日进行的健康体检，但由于体检指标不合格未取得"健康合格证"；而其 2013 年 7 月 24 日进行的健康体检的具体时间又在监督检查之后，故也不可能在监督检查当时提供有效的"健康合格证"。

本案中，某有限公司门店违反了《公共场所卫生管理条例》第七条、《公共场所卫生管理条例实施细则》第十一条第一款的规定。根据《公共场所卫生管理条例》第十四条第一款第（二）项、《公共场所卫生管理条例实施细则》第三十八条的规定，对上海屈臣氏日用品有限公司淮海新世界店安排未获得有效健康合格证明的从业人员从事直接为顾客服务工作，给予警告，罚款人民币一千元整，并责令其立即改正。

【分析】

一般对于"安排未获得有效健康合格证明从业人员从事直接为顾客服务的工作"案件的调查，主要围绕"是否取得健康合格证"展开，但在本案中出现另外一个关键物——体检收费收据。当事人提供了施某某两张体检收费收据，其中一张收据的时间为 2012 年 9 月 11 日。本案的调查重点从"是否取得健康合格证"衍生到调查"体检收费收据"与取得"健康合格证"的关联性。为了进一步查明事实真相，卫生监督员从四方面展开调查：

1. 当事人调查　对当事人进行调查是卫生监督过程中不可少的一部分。本案中对当事人调查最主要的目的有两个，一了解其对从业人员健康管理的方式，明确当事人是否能证明其从业人员取得"健康合格证"。二则要掌握施某某的个人信息，确认其身份、工种及从业时间。最终，经过调查明确，当事

122

人从业人员的"健康合格证"一直是由当事人保管，当事人未见过施某某的"健康合格证"。同时，当事人确认施某某自2005年11月进入上海屈臣氏日用品有限公司从事直接为顾客服务的工作。

2.信息系统查询　上海市从业人员预防性健康检查信息网是查询健康合格证信息及体检机构信息的一个网站。为保证信息的全面性，监督员还通过现场监督检查离线版系统及健康体检后台数据进行查询。卫生监督员通过信息系统进行查询，仅获取施某某2013年7月24日体检的健康合格证信息，并没有2012年9月体检所取得的"健康合格证"信息。

3.从业人员调查　从业人员的调查在本案中属于证人证言，对于理清整个案件具有一定的帮助作用。本案中，施某某确认其2012年9月11日的健康体检结果是待查不发证。但她无法提供复查的相关证明，也没有复查合格后领取"健康合格证"的证明。

4.体检机构调查　对体检机构的调查有助于了解人员健康体检的真实情况。监督员根据当事人提供施某某的发票，找到其进行健康体检的机构，向体检机构了解情况。体检机构提供了施某某的从业人员健康检查表，表上显示其体检日期为2012年9月11日，肝功能指标（谷丙转氨酶、谷草转氨酶）异常，检查结论为待查不发证。该体检机构还提供了一份情况说明表明施某某肝功能超标，但其未进行复查，所以未取到上海市从业人员健康合格证。

这四方面调查交叉进行，相互佐证，最终证明当事人确实存在安排未获得有效健康合格证明从业人员从事直接为顾客服务的工作的违法事实。

十四、案由14：对发生的危害健康事故未立即采取处置措施，导致危害扩大，或者隐瞒、缓报、谎报的

监督要点：

1.公共场所因不符合卫生标准和要求造成危害健康事故的，经营单位未能妥善处理，或未能及时向县级人民政府卫生行政部门报告。

2.公共场所经营者对发生的危害健康事故未能立即采取处置措施，导致危害扩大，或者隐瞒、缓报、谎报。

第七章
公共场所常用消毒技术及应用

第一节　公共场所消毒

一、公共场所消毒的目的和意义

消毒,是指采用物理、化学或生物的方法,杀灭或去除外环境中病原微生物及其他有害微生物的过程。但生物方法利用生物因子去除病原体,作用缓慢,故消毒主要采用物理及化学方法。

公共场所消毒是采用物理、化学的方法对公共场所的公共用品用具、空气、游泳池水、浴池水、物体表面和集中空调通风系统中的病原微生物及其他有害微生物的杀灭或去除过程。

公共场所消毒目的:净化公共场所微观环境,控制传染病的发生与流行,保护人民健康和社会安定。在预防公共场所相关传染病的手段中,消毒是切断传播途径的最有效方法。

二、公共场所消毒方法选择的基本原则

(一)消毒效果可靠

选用的消毒剂或消毒器械必须有确实的消毒效果,且影响消毒效果的因素较少。按规定的使用方法、剂量和作用时间使用,应能保证达到各类公共场所所要求控制的微生物指标。

(二)对使用者和人群安全

选用的消毒剂和消毒器械应对使用者安全,消毒后残留物和使用过程中的挥发物,对使用者和接触人群不应造成伤害。能够使用物理消毒方法的,尽量不使用化学消毒方法。

(三)对环境的污染小

任何消毒剂的大量使用都可能对环境造成污染,包括对水体、空气和环

境、物品表面。在选择消毒方法时,应尽量选择对环境无污染或污染小的消毒方法。

（四）对消毒物品损坏小

几乎所有的化学消毒剂和大多数物理消毒法对消毒物品会有不同程度的损坏。在选择消毒方法时,必须考虑消毒对象对消毒方法的适应性,使消毒造成的损失减少到最小。

（五）使用合法的消毒产品

我国目前对消毒产品实行分类管理制度。利用新材料、新工艺技术和新杀菌原理生产消毒剂和消毒器械(简称新消毒产品)实行卫生许可批件制度,其余产品按照《消毒产品卫生安全评价规定》要求实行分级管理,产品责任单位应当在产品首次上市前对产品进行卫生安全评价,使用部门应使用安全评价报告有效期内的产品。

在同类产品中,应选用具有专利的产品,拒绝使用侵犯专利权的仿冒产品,以保证所用产品的质量良好,避免侵犯知识产权。

（六）选用性价比高的消毒产品

选购消毒产品时,除了考虑产品的安全、有效和环保性外,价格也是一个重要的因素。需要根据产品的价格、使用浓度或剂量、作用时间等综合考虑,选择更经济适宜的产品。

（七）根据消毒类型选择消毒产品

消毒可分为预防性消毒和传染病疫源地消毒。对于预防性消毒,因为消毒对象没有明确的病原微生物污染,一般选用中水平或低水平消毒剂,当然,也可选用性能温和的高水平消毒剂。对于传染病疫源地消毒,包括传染病人居住、逗留过的场所和接触过的物品,以及生物战时战剂污染的环境和物品,均应严格消毒,应选择高水平消毒剂。

三、公共场所清洗消毒物品种类

公共场所的种类很多,但在公共场所需要消毒的主要是水、空气、公共用品用具和集中空调通风系统等。

公共用品用具包括:布草类、餐饮具、卫生洁具、健身器材、门把手、理发用具、美容用具和更衣箱等。

空气包括:公共场所室内空气和集中空调通风系统。

水包括:生活饮用水、游泳池水、浴池水、冷却水和冷凝水等。

第二节　公共场所公共用品用具消毒方法

选择消毒方法时需考虑：一是要保护消毒物品不受损坏；二是使消毒方法易于发挥作用。应遵循以下基本原则：

一、对耐高温、耐湿的物品和器材，应首选高温消毒

(一)煮沸消毒法

煮沸消毒法，即煮沸 5 分钟可杀死一切细菌的繁殖体。一般消毒，在煮锅中蒸煮 30 分钟以上即可。多用于某些耐热、耐湿餐饮具、毛巾（小件布草）等的消毒。

注意事项：

1. 煮沸可使刀刃等的锋利性受损，使用时应注意。

2. 先将物品刷洗干净，再将其全部浸没水中，然后加热煮沸。

3. 水沸开始计时，5~10 分钟可杀灭细菌繁殖体，15 分钟可将多数细菌芽胞杀灭，热抗力极强的需更长时间（如破伤风杆菌芽胞需煮沸 60 分钟才可杀灭）。

4. 在水中加入碳酸氢钠，配成浓度为 1%~2% 的溶液时，沸点可达 105℃，既可增强杀菌作用，又可去污防锈。

5. 高原地区水的沸点低，会影响消毒效果。

(二)远红外线高温型消毒柜(干热消毒)

远红外线高温型消毒柜（干热消毒）主要是根据物理原理，利用远红外线发热，在密闭的柜内产生 120℃高温进行杀菌消毒。为达到消毒目的，要求消毒时间保持 15 分钟以上。这种消毒方式具有速度快、穿透力强的特点，日常生活中常用的餐饮具都可放在柜内进行高温消毒。消毒柜在日常使用维护时需注意以下几点：

1. 消毒柜应水平放置，周围无杂物，干燥通风，离墙不宜 < 30cm。

2. 将经过冲洗的餐饮具等物分类放入筐内，擦净水分，要求倒立，利于沥水，并留有间隙，避免堆叠。

3. 消毒期间非必要时，请勿开门，以免影响效果。

4. 消毒结束后，柜内仍处于高温，容易烫伤皮肤，一般要经 10~20 分钟，使消毒物品逐渐恢复到常温，方可开柜取物，若暂不使用，最好不要打开柜门，这样消毒效果可维持数天。

5. 在使用消毒柜时切忌将其作为保险柜看待。因为消毒柜处于密封状态，如存放在柜内的餐饮具消毒后未干透，消毒柜反而成了细菌滋生的温床。

因而从安全卫生角度出发,消毒柜应每天开启一次为好。

6.要定期对消毒柜进行清洁保养,将水倒出抹净。清洁时,先拔下电源插头,用湿布擦拭消毒柜内外表面,禁止用大量的水冲淋消毒柜,若污垢较为明显,可先用中性洗涤剂擦拭,再用湿布擦掉洗涤剂,最后用干布擦干。清洁时,禁止撞击石英加热管和臭氧发生器。同时要注意石英管是否能正常运转。

7.经常检查门封条是否密封良好,以免热量散失,影响消毒效果。不耐热、不耐湿以及贵重的物品,可选择环氧乙烷或低温蒸汽甲醛气体消毒、灭菌。在公共场所使用应小心谨慎,尽量避免使用这两种方式。

二、理发、美容工具、修脚工具等的消毒

对理发、美容工具、修脚工具等进行消毒时,应选择对金属基本无腐蚀性的消毒方法。首选紫外线消毒,其次使用无腐蚀性消毒剂。

(一)对表面光滑的理发、美容工具、修脚工具等首选紫外线消毒器近距离照射消毒

距离近杀菌效果好,一般需要30分钟以上达到消毒效果。同时也可以使用季铵盐类和复方双胍类消毒液浸泡消毒。紫外线消毒注意事项:

1.紫外线穿透能力较弱,对不能直接照射到的表面无法消毒,消毒刀、剪等物品时,一定要打开,不能叠放,且应确保各表面均接受到足够剂量紫外线的照射。

2.在必须使用紫外线灯消毒时,应避免皮肤、眼睛与紫外线辐射直接接触。

3.电压波动对紫外线灯管的寿命及辐射能量均有极大的影响。

4.紫外线灯管使用一段时间后辐照强度会减弱,一般灯管使用寿命为2000~5000小时。

(二)表面不光滑物品、布草类、拖鞋和洁具等可以使用含氯制剂进行消毒

可以喷雾和涂擦含氯消毒剂对物品的表面进行消毒;拖鞋可以浸泡消毒;布草首选日光暴晒消毒,也可以使用含氯的消毒洗衣粉清洗、消毒。

含氯消毒剂是指溶于水后可产生具有杀菌活性次氯酸的消毒剂。常用的含氯消毒剂有液氯、漂白粉、三合二、漂白粉精、氯化磷酸三钠以及二氯异氰尿酸钠、三氯异氰尿酸钠等。

1.消毒方式 根据有效氯含量,将含氯消毒剂配制成所需浓度溶液,可通过浸泡、擦拭、喷洒等方法消毒。也可应用消毒剂干粉直接消毒。

实际应用:

(1)浸泡法:将待消毒的物品放入装有消毒剂溶液的容器中,浸没在液面以下,加盖。对细菌繁殖体污染物品的消毒,用含有效氯1000mg/L的消毒液

浸泡 10 分钟以上；对肝炎病毒结核分枝杆菌和细菌芽胞污染物品的消毒,用含有效氯 2000mg/L 的消毒液浸泡 30 分钟以上。

（2）擦拭法：对大件物品或其他不能用浸泡法消毒的物品用擦拭法消毒。所用药液浓度和作用时间与浸泡法相同。

（3）喷洒法：对一般污染物品表面,用 1000mg/L 的消毒液均匀喷洒（墙面：200ml/m^2；水泥地面：350ml/m^2；土质地面：1000ml/m^2）作用 30 分钟以上；对乙型肝炎病毒（HBV）和结核分枝杆菌污染的表面的消毒,用含有效氯 2000mg/L 的消毒液均匀喷洒（用量同前）,作用 60 分钟以上；对含有人类免疫缺陷病毒（HIV）或乙型肝炎病毒（HBV）的血液溢出物,用上述剂量进行喷洒消毒。

2. 影响消毒作用的因素　含氯制剂的消毒效果受有效氯的浓度、温度、pH 值、有机物、作用时间等因素的影响。

（1）浓度：一般来说,有效氯浓度越高、作用时间越长,杀菌效果越好。但是,此类药物随着浓度的增加,溶液 pH 值亦随之上升,有时反需延长作用时间才能达到杀菌目的。

（2）酸碱度：虽然含氯制剂在碱性条件下稳定,但其杀菌作用在酸性条件下更好。次氯酸的形成与酸碱度有关,pH 值越低,次氯酸形成越多,消毒效果越好,pH 值升高,一部分次氯酸水解,形成 H^+ 和 OCl^-,而失去杀菌作用。

（3）温度：消毒环境的温度升高时,消毒效果加强。

（4）有机物：有机物可以消耗有效氯,从而降低杀菌能力,在低浓度时影响更为显著。

（5）其他因素：在次氯酸钠消毒液中加入适量的溴和碘,可以增强其杀菌能力；硫代硫酸盐、亚铁盐、硫化物、含氨基化合物等还原性物质,均可降低次氯酸钠的杀菌效果。

对表面消毒时,应考虑表面的性质。光滑表面可选择紫外线照射或用液体消毒剂擦拭；多孔材料表面可采用喷雾消毒法。

三、对耐氧化的公共用品也可采用臭氧消毒

臭氧是一种高水平灭菌剂。目前采用比较多的是臭氧消毒柜,由于臭氧的强氧化性和广谱性,因而具有消毒、杀菌、除臭、防霉、保鲜等功能。

臭氧在其消毒杀菌过程结束后具有自解还原成氧气,不产生任何残留和二次污染的特性,因而被称为"绿色环保元素",实属当今人类较理想的消毒杀菌方式之一。

臭氧可使细菌、真菌等菌体的蛋白质外壳氧化变性,可杀灭细菌繁殖体和芽胞、病毒、真菌等。臭氧消毒柜适合一些不耐高温消毒的餐具,像塑料碗

筷、骨瓷等。但臭氧对物体表面的消毒作用缓慢,要想达到最低级别的消毒效果,臭氧浓度应≥60mg/m³,持续作用时间一般需60分钟~120分钟。臭氧消毒柜工作环境中,泄漏臭氧的浓度不超过0.3mg/m³。

第三节 公共场所室内空气消毒方法

在通常情况下,首选自然通风,让空气形成对流,使室内外空气充分交换,保持良好的空气质量。

在自然通风无法达到要求时,特别是呼吸道传染病流行的季节应该采取措施消毒室内空气。可采用紫外线消毒和消毒剂喷雾或熏蒸的方法对静态(无人员滞留)场所进行消毒,首选紫外线消毒,一般在公共场所不宜使用消毒剂喷雾或熏蒸的方法,消毒后,需开启门窗或采用机械对流方式排出残留消毒因子或紫外线辐照产生的臭氧、氮氧化物等副产物,直至符合要求后才允许人员入内。也可采用符合要求的动态消毒机对动态场所(人员正常出入)进行消毒。

一、紫外线消毒

紫外线消毒属于纯物理消毒方法,具有简单便捷、广谱高效、便于管理和实现自动化等优点,随着各种新型设计的紫外线灯管的推出,紫外线杀菌的应用范围也在不断扩大。

(一)紫外线间接照射法

首选高强度紫外线空气消毒器,不仅消毒效果可靠,而且可在室内有人活动时使用,一般开机消毒30分钟即可达到消毒效果。

(二)直接照射法

不适宜在公共场所中使用。在室内无人条件下,可采取紫外线灯悬吊式或移动式直接照射。采用室内悬吊式紫外线消毒时,室内安装紫外线消毒灯(30W紫外线灯,在1.0m处的强度>70μW/cm²)的数量为平均每立方米不少于1.5W照射时间不少于30分钟。

(三)影响紫外线消毒的因素

1. 紫外线杀菌灯的质量 发光效率下降到初始值的70%时(一般使用时间在2000~5000小时),应更换灯管。

2. 紫外线杀菌灯的安装和组合方式 气流点的照射强度与照射距离的平方成反比,多光源照射时,气流点的照射强度是各光源作用于该点照射强度的叠加之和。只有将紫外线杀菌灯合理组合,才能取得满意的效果。

3. 气流速度 气流速度越快,受照射的时间就越短,对微生物的杀伤力就越低。气流受照射时间与速度成反比。影响气流速度的主要因素是通风截面、通风道气流阻力和根据室内空间设定的流量。但气流速度过慢，换气量达不到要求，会产生混浊气体。

4. 电源 空气消毒器外接电源的电压、电流、频率都会影响紫外线杀菌灯的发光能力和使用寿命。因此，要求使用稳压电源。工作电源：220V，50Hz，周边无振动源。尽可能减少环境对消毒效果和使用寿命的影响。

5. 消毒环境 紫外线杀菌灯工作环境的温度、相对湿度、空气洁净度、安装稳定性(振动)等，对消毒效果和使用寿命均会产生影响。因此，要求使用环境条件为温度5~40℃，相对湿度≤80%，大气压力86~106kPa；当温度低于20℃或高于40℃，相对湿度>60%时应适当延长照射时间。

6. 微生物的种类和数量 不同种类的微生物对紫外线的敏感性不同，杀灭对紫外线抵抗力强的细菌芽胞和真菌时，需要增加消毒时间或加大循环次数。

7. 反光聚焦装置 采用合理的反光聚焦装置可有效提高气流受紫外线照射的强度。提高的程度与选用的材料和设计的曲面结构有关。

二、常用空气喷雾与熏蒸消毒

常用空气喷雾与熏蒸消毒的化学消毒剂有：含氯消毒剂、过氧乙酸、过氧化氢、二氧化氯等。消毒处理时，喷雾的用量不得超过 $10ml/m^3$，作用时间不得超过 1 小时。

第四节　集中空调通风系统的消毒方法

采用物理或化学方法杀灭空调风管、冷却塔、表冷器、风口、空气处理单元和其他部件内与输送空气相接触表面以及冷却水、冷凝水、积尘中的致病微生物。

当微生物指标超标时应对集中空调系统的风管、设备、部件进行消毒处理。

风管应先清洗，后消毒。可采用化学消毒剂喷雾消毒，金属管壁首选含氯制剂和季铵盐类消毒剂，非金属管壁首选过氧化物类消毒剂。

一、冷却水宜采用物理或化学持续消毒方法

当采用化学消毒时首选含氯消毒剂，将消毒剂加入冷却水中，对冷却水和冷却塔同时进行消毒。紫外线系统可以安装在冷却塔的水循环系统中以起到杀菌的作用。如果和过滤器一并使用，紫外线可以有效控制微生物在冷却塔中的生长。

二、过滤网、过滤器、冷凝水盘的消毒

过滤网、过滤器、冷凝水盘应先清洗后消毒，采用浸泡消毒方法，部件过

大不易浸泡时可采用擦拭或喷雾消毒方法,重复使用的部件首选季铵类消毒剂,不再重复使用的部件首选过氧化物类消毒剂。

三、净化器、风口、空气处理机组、表冷器、加热(湿)器消毒

净化器、风口、空气处理机组、表冷器、加热(湿)器消毒首选含氯制剂和季铵盐类消毒剂,应先清洗,后消毒,采用擦拭或喷雾消毒方法。

四、冷凝水的消毒

在冷凝水中加入消毒剂作用一定时间后排放,首选含氯消毒剂。

五、集中空调通风系统消毒

集中空调通风系统消毒时,要使用风管消毒装置、气动(电动)超低容量喷雾器、消毒剂等。

风管内的空气也可采用紫外线消毒,通常,紫外线灯可安装在空气管道里,位于盘管的前端,或装在固定于墙上的架子上。当空气经过时,空气中的微生物就被杀死了。表面消毒的原理也是这样。

第五节 游泳池水和浴池水的消毒

游泳池水和浴池水,都易滋生微生物,管理不善,容易引起传染病的暴发和流行,因此要做好这些水的消毒管理工作。

一、游泳池水和浴池水的消毒

游泳池水和浴池水,一般采用氯制剂消毒。目前常采用的几种化学消毒方法及要求见表7-1,很少采用氯气消毒。

表7-1 游泳池水和浴池水的消毒方法

	首选消毒方法	其他消毒方法
游泳池水	游离氯制剂	臭氧、紫外线消毒(辅以游离氯制剂);二氧化氯;二氯异氰尿酸钠和三氯异氰尿酸钠;婴幼儿用水也可采用复方双胍类消毒剂
浴池水		二氧化氯;复方双胍类消毒剂
冷却水和冷凝水		紫外线消毒、二氧化氯

二、游泳池水的其他消毒方法

游泳池水和浴池水除采用游离氯制剂消毒外,还可采用紫外线、臭氧等进行消毒。但由于这两种方法没有持续消毒的功能,所以仍然要加入游离氯制剂消毒,以保持持续的消毒作用。

(一)臭氧消毒

臭氧消毒泳池水,作用迅速,效果可靠,消毒后不会像氯制剂那样产生有致癌作用的卤代有机物,所以,是现在游泳池消毒剂中的发展方向,国外很早就在游泳池中采用臭氧消毒了,目前国内新建的大型游泳场馆也已经采用了臭氧消毒,臭氧作为一种非常有效的消毒剂,已经越来越普遍地应用于水处理系统中。但臭氧消毒设备投资大,耗电多,相对氯制剂臭氧无持续消毒功能。

(二)二氧化氯消毒

二氧化氯用于生活饮用水、游泳池水、浴池水的消毒,也可用于餐饮具、某些食品和卫生设施的消毒。

二氧化氯作为消毒剂,具有高效、强力;快速、持久;广谱、灭菌;无毒、无刺激;安全、广泛的特点。是国际上公认的游离氯制剂的替代品,二氧化氯不与水中有机物形成三卤甲烷等致癌物,二氧化氯作为一个强氧化剂,它还具有除藻、剥泥、防腐、抗霉、保鲜、除臭、氯化及漂白等多方面的用途。

第六节　公共场所常用消毒方法的原理

在公共场所,常用的消毒方法有:热力消毒、紫外线消毒、臭氧消毒、游离氯制剂消毒、二氧化氯消毒和季铵盐类消毒等消毒方法,各有其优缺点,但在公共场所消毒常常被采用,其消毒的原理也各不相同。下面介绍几种常用方法的消毒原理。

一、热力消毒原理

高温对细菌有明显的致死作用。热力灭菌主要是利用高温使菌体变性或凝固,酶失去活性,而使细菌死亡。但是,更细微的变化已发生于细菌凝固之前。细菌蛋白质、核酸等化学结构是由氢键连接的,而氢键是较弱的化学键,当菌体受热时,氢键遭到破坏,蛋白质、核酸、酶等结构也随之被破坏,失去其生物学活性,与细菌致死有关。此外,高温亦可导致胞膜功能损伤而使小分子物质以及降解的核糖体漏出。干热的致死作用与湿热不尽相同,一般属于蛋白变性、氧化作用受损和电解质水平增高的毒力效应。

二、紫外线消毒原理

紫外线杀菌就是通过紫外线的照射,破坏及改变微生物的 DNA 结构,使细菌当即死亡或不能繁殖后代,达到杀菌的目的。真正具有杀菌作用的是 UVC 紫外线,因为 C 波段紫外线很易被生物体的 DNA 吸收,尤以 253.7nm 左右的紫外线消毒效果最佳。

三、臭氧消毒原理

臭氧为气体消毒剂,其杀菌过程为强氧化作用使微生物细胞中的多种成分产生反应,从而产生不可逆转的变化而死亡。一般认为,臭氧灭活病毒是通过直接破坏其 RNA 或 DNA 物质完成的。而杀灭细菌、霉菌类微生物则是臭氧首先作用于细胞膜,使膜构成成分受损伤,导致新陈代谢障碍并抑制其生长,臭氧继续渗透破坏膜内组织,直至杀死。湿度增加提高杀灭率,是由于高湿度下细胞膜膨胀变薄,其组织容易被臭氧破坏。

四、游离氯制剂消毒原理

(一)氧化作用

氧化作用是游离氯制剂的主要杀菌机制。消毒剂溶解于水可产生未解离的次氯酸(HOCL),次氯酸的浓度越高,消毒作用越强。次氯酸不仅可破坏微生物的细胞壁,而且由于其分子小,不带电荷,容易侵入微生物体内与蛋白质发生氧化作用或破坏其磷酸脱氢酶,使糖代谢失调而死亡。游离氯制剂在水溶液中产生的次氯酸可分解出新生态氧 [O],具有很强的氧化性,可与菌体成分及病毒的核酸物质发生氧化作用而杀灭微生物。

(二)氯化作用

游离氯制剂中的活性氯能使细胞壁、细胞膜的通透性改变,使细胞膜发生破裂,引起细胞内容物外渗,导致微生物死亡;氯能与蛋白结合,形成氮 - 氯化合物,改变蛋白质的性质,干扰细胞代谢导致微生物死亡;氯对细菌的一些重要的酶具有氧化作用,干扰细菌的新陈代谢。

五、二氧化氯消毒原理

二氧化氯分子的电子结构呈不饱和状态,外层共 19 个电子,具有强烈的氧化作用力。细菌、病毒、真菌都属单细胞的低级生物,其酶系分布于膜表面,易受到二氧化氯的攻击而失活。二氧化氯对大肠埃希菌 ATP 酶的破坏和使脂质过氧化,是大肠埃希菌死亡的重要原因。二氧化氯作用于细胞内含巯基的酶使其灭活。二氧化氯的氧化分解能力可导致氨基酸链断裂,蛋白质失去功能,从而使微生物死亡。它的作用既不是蛋白质变性作用,也不是氯化,而是强大的氧化作用。

六、季铵盐类消毒原理

这类杀菌剂的作用机制主要是阳离子通过静电力、氢键力以及表面活性剂分子与蛋白质分子间的疏水结合等作用,吸附带负电的细菌体,聚集在细胞壁上,产生室阻效应,导致细菌生长受抑制而死亡;同时其憎水烷基还能与细菌的亲水基作用,改变膜的通透性,继而发生溶胞作用,破坏细胞结构,引起细胞的溶解和死亡。这类杀菌剂具有高效、低毒、不易受 pH 值变化的影响、使用方便、对黏液层有较强的剥离作用、化学性能稳定、分散及缓蚀作用较好等特点;但存在易起泡沫、矿化度较高时杀菌效力降低、容易吸附损失。如果长期单独使用,易产生抗药性等缺点。

本章对公共场所公共用品用具、空气和水的消毒做了介绍,为便于大家理解和掌握,对空气、公共用品用具等的常用消毒方法进行了归纳和总结(表7-2)。

表 7-2　空气、公共用品用具等的常用消毒方法

被消毒物品	首选消毒方法	其他消毒方法
布草类	阳光下暴晒;蒸汽、煮沸;高温消毒;巴氏消毒等	含氯制剂消毒;臭氧熏蒸;高温烘干、熨烫
餐饮具	高温消毒;蒸汽、煮沸	含氯制剂消毒;远红外线高温消毒
卫生洁具	紫外线表面照射消毒;含氯制剂消毒	
拖鞋	含氯制剂消毒	
理发用具	理发工具首选紫外线照射消毒;酒精消毒;胡刷采用碘伏消毒	戊二醛消毒(金属);季铵盐类;复方双胍类消毒剂
美容用具	含氯制剂消毒。凡接触破损皮肤黏膜或进入人体无菌组织和体腔的用具必须经灭菌后使用	戊二醛消毒剂
更衣箱	含氯制剂消毒	
室内空气	首选通风换气;紫外线消毒器;紫外线灯照射消毒(无人)空气净化器	过氧乙酸消毒;季铵盐消毒液;二溴海因消毒液;二氧化氯。上述消毒,在无人情况下进行
集中空调通风系统	循环风紫外线消毒器;静电吸附式空气消毒器	含氯制剂消毒;季铵盐消毒液;双胍类消毒剂

被消毒物品	首选消毒方法	其他消毒方法
物体表面	含氯制剂消毒；双胍类消毒液；季铵盐消毒液	过氧乙酸消毒
健身器材	含氯制剂消毒	含溴消毒剂消毒
从业人员手卫生	一般情况下，用肥皂或抗菌洗手液和流动水洗手	含碘消毒液；双胍类消毒药；乙醇等
儿童玩具	塑料、橡皮、木器可采用含氯制剂消毒。长毛绒可用臭氧熏蒸	二氧化氯

第八章

公共场所集中空调通风系统卫生
执法监督管理

第一节　公共场所集中空调通风系统卫生要求

一、概述

2012 年原卫生部发布的《公共场所集中空调通风系统卫生规范》（WS 394—2012，以下简称"卫生规范"），规定了公共场所集中空调通风系统的设计、卫生质量、卫生管理和卫生检测四个方面的卫生要求。该规范为强制性国家卫生行业标准，而与它同时发布的《公共场所集中空调通风系统卫生学评价规范》（WS/T 395—2012）和《公共场所集中空调通风系统清洗消毒规范》（WS/T 396—2012）则为推荐性国家卫生行业标准。

理解公共场所集中空调通风系统的卫生要求，首先需要了解一下集中空调通风系统的基本组成和大概的一个运行原理。一般来说，公共场所的集中空调通风系统的大部分装置我们平时是不太容易看到的，不是在房间的夹层里，就是在房间的吊顶上，大家初次接触可能感觉到集中空调通风系统比较复杂。其实，集中空调通风系统的卫生管理还是要抓关键控制点，把这些关键点抓住了，可以将复杂问题简单化，可以提高卫生监管效率，同时也可降低公共场所经营者的卫生管理成本。

图 8-1 为集中空调通风系统空气循环示意图。空调新风从新风管进入空气处理单元，即通常所说的新风机组，经新风机组处理的空气，通过送风管送到各个房间，送到房间的风经过室内循环，通过回风管，一部分回风排出到室外，另一部分回风回到新风机组，再参与到集中空调通风系统的空气循环。理论上讲，对一个密闭的室内环境，排到室外的回风应该与通过新风管进入到新风机组的新风等量。

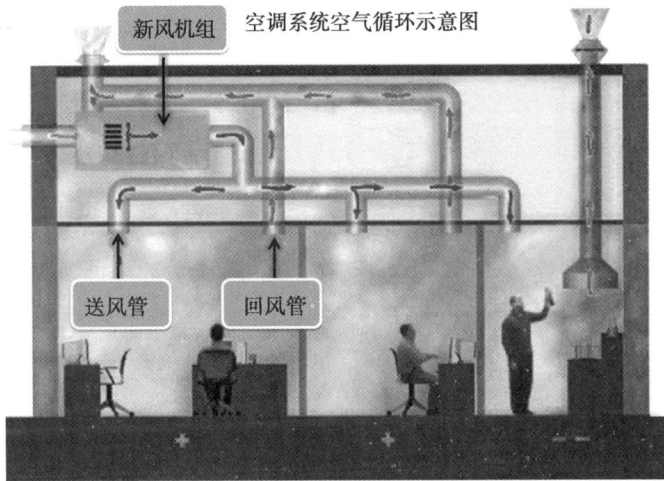

图 8-1　集中空调通风系统空气循环示意图

为什么回风不全部排到室外,或者让回风全部进入新风机组再回到室内呢,这涉及送风卫生质量和运行成本问题。回风全部排到室外,意味着通过新风机组进入室内的空气都是新风,这种运行方式能保证空气卫生质量最佳,是顾客所希望的。但以这种方式运行,进入室内的空气不管是升温还是降温都需要能量支持,能源消耗大,运行成本也高。与之相反,回风全部进入空调机组再回到室内,意味着通过新风机组进入室内的空气绝大部分都不是新风,这种运行方式能最大限度地节约能源,但不能保证室内空气卫生质量,即新风量的要求。当然,在一些特殊的场所,如档案馆,因室内人员特别少,可能也会采取这种全部回风的方式。所以回风排出室外多少、回到室内多少,这就需要综合考虑室内人员卫生需求和空调系统能源消耗。

从集中空调通风系统空气循环示意图可以看出,卫生管理需要控制的关键点主要有:从新风管进入的新风量,从送风口出来的送风卫生质量,新风管、送风管、回风管卫生质量以及新风机组卫生质量等。

图 8-2 是集中空调通风系统水循环示意图。本图示意了集中空调通风系统制冷时的水循环工作原理。中央空调主机即空调机组,将进水温度约为 12℃的冷冻水制冷到出水温度约为 7℃的冷冻水,7℃的冷冻水经过分水器送到前面所说的空气处理机(新风机组)或风机盘管,给室内空气降温;经过空气处理机或风机盘管的冷冻水,因把冷量送到室内,水温会升高,经过集水器回到中央空调主机,这个循环叫冷冻水循环。

还有一个水循环叫冷却水循环。因中央空调主机工作时会产生热量,这个热量必须把它交换出去,才能保持能量守恒。32℃左右的冷却水进入中央

空调系统水循环示意图

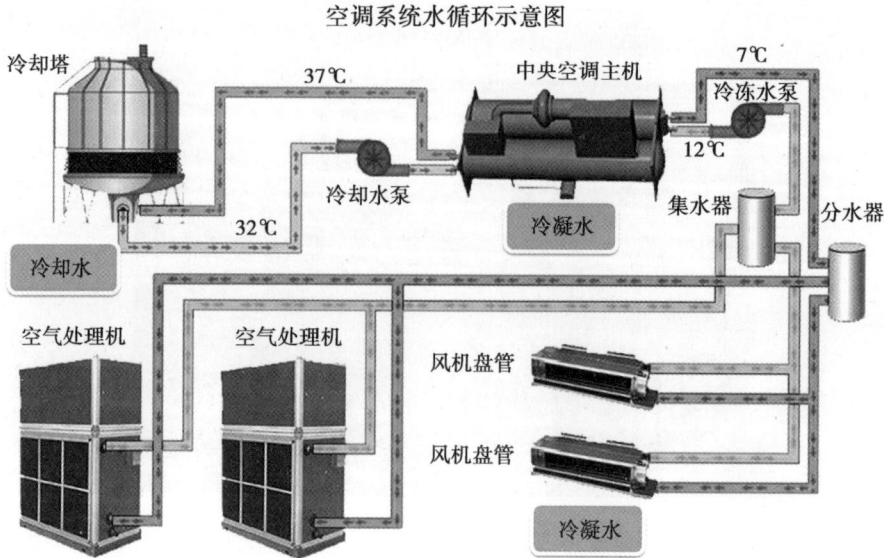

图8-2　集中空调通风系统水循环示意图

空调主机后,给中央空调主机冷却后,水温会升高到37℃左右,37℃左右的冷却水必须要降到32℃左右才能再次回到中央空调主机,给中央空调主机冷却。而给冷却水降温就是冷却塔的使命。后面会详细介绍冷却塔的工作原理。

　　我们对于水循环,主要关注的,一是冷却塔里的冷却水;二是空调机组和风机盘管运行时,由于冷却空气中的水分而产生的冷凝水。我们不用去关注冷冻水,一是因为冷冻水水温较低,二是冷冻水在密闭的管道内循环,不与室内、外环境接触,一般情况下,不会产生卫生问题。

二、设计卫生要求

　　卫生规范第3章规定了公共场所集中空调通风系统设计时的新风量、微小气候、噪声、设施、空气净化消毒装置、新风、新风口、送风口、回风口、加湿方式、开放式冷却塔、风管等11个方面的要求。

(一)新风量

　　新风量是指单位时间内由集中空调通风系统进入室内的室外空气的量,单位为 $m^3/(h \cdot 人)$。要特别注意,这里的新风量定义与公共场所卫生标准里的新风量定义有所不同,这个定义强调了进入室内的室外空气的量,是从集中空调通风系统进入的。其实,进入室内的室外空气的量,除从集中空调通风系统进入外,还会从开的门、密封不严的窗户进入,甚至建筑物的墙体也会有些空气交换。这个定义主要从测定新风量的可操作性方面考虑,即在新风管测定新风量,将复杂问题简单化。

新风量的指标意义,一是"新风"特指室外空气,新风量是表示室内空气"新鲜"程度、室内通风效果的指标;二是新风量不足可能导致室内一氧化碳、二氧化碳、可吸入颗粒物、挥发性有机化合物等污染物浓度增加,使室内空气质量恶化。

关于新风量与健康的关系,一般而言,新风越多,对人们的健康越有利;新风不足,会产生健康危害,主要表现在感到烦闷、头痛、乏力、易患感冒、注意力分散、容易疲劳等不良反应,这些反应也叫"病态建筑物综合征"。

集中空调通风系统要多少新风才合适,不同的场所有所区别。一般来说,提供的新风,主要有六个方面的作用:一是提供呼吸所需要的空气;二是稀释气味;三是除去过量的湿气;四是稀释室内污染物;五是提供燃烧所需空气;六是调节室温。

表 8-1 是卫生规范对各种公共场所的新风量要求。要求分两个层级,一是宾馆、饭店等 13 个场所,室内新风量要求不应 $< 30m^3/(h \cdot 人)$;二是饭馆、咖啡馆等 14 个场所,室内新风量要求不应 $< 20m^3/(h \cdot 人)$。

表 8-1　新风量要求

场所名称	新风量 $[m^3/(h \cdot 人)]$
宾馆、饭店、旅店、招待所、候诊室、理发店、美容店、游泳场(馆)、博物馆、美术馆、图书馆、游艺厅(室)、舞厅等	$\geqslant 30$
饭馆、咖啡馆、酒吧、茶座、影剧院、录像厅(室)、音乐厅、公共浴室、体育场(馆)、展览馆、商场(店)、书店、候车(机、船)室、公共交通工具等	$\geqslant 20$

(二)微小气候

公共场所集中空调通风系统微小气候包括三个指标,即送风温度、送风湿度、送风风速。卫生规范对这三个指标都进行了详细规定。一是集中空调通风系统送风温度的设计宜使公共浴室的更衣室、休息室冬季室内温度达到25℃,其他公共场所在 16~20℃ 之间;夏季室内温度在 26~28℃ 之间。二是集中空调通风系统送风湿度的设计宜使游泳场(馆)相对湿度不 > 80%,其他公共场所相对湿度在 40%~65% 之间。三是集中空调通风系统送风风速的设计宜使宾馆、旅店、招待所、咖啡馆、酒吧、茶座、理发店、美容店及公共浴室的更衣室、休息室风速不 > 0.3m/s;其他公共场所风速不 > 0.5m/s。

公共场所微小气候既是卫生指标,更是一种人体舒适指标。微小气候除直接作用于机体外,还作用于人体周围生活环境,影响人类的卫生生活条件,从而间接影响人体健康。

卫生规范考虑到微小气候间接影响人体健康的属性,将它作为推荐性指标提出要求,卫生规范对微小气候的要求,都用了一个"宜"。在标准里面,术语"宜"就代表着推荐这么做,该条款也就变成了推荐性条款。

微小气候的卫生要求作为推荐性条款,是为了与将要出台的《公共场所卫生指标及限值要求》标准相一致。但公共场所安装集中空调的主要目的,主要是用来调节微小气候的,因此我们不论是在审查集中空调通风系统微小气候的设计指标,还是在评价集中空调通风系统微小气候的运行指标,都应尽量要求公共场所的微小气候指标要符合卫生规范的要求。

(三)噪声

卫生规范规定对有睡眠、休憩需求的公共场所,集中空调通风系统运行所产生的噪声对场所室内环境造成的影响不得高于设备设施关闭状态时室内环境噪声值 5dB(A 计权)。这个要求简单地讲,就是一个场所或一个房间,空调开的时候比不开的时候,噪音增加值不得 > 5dB。

噪声对人的健康危害相当大。50dB 以上的噪声会影响休息和睡眠,进而影响到人体的正常生理功能。70dB 以上的噪声能使人心烦意乱,精神不集中,不但降低工作效率,还可能引起事故。如果长时间在 90dB 以上的噪声环境中生活,会损害听力,并出现头痛、恶心、心率加快、血压不稳等症状。

(四)设施

卫生规范规定集中空调通风系统应具备下列三种设施:一是应急关闭回风和新风的装置;二是控制集中空调通风系统分区域运行的装置;三是供风管系统清洗、消毒用的可开闭窗口,或便于拆卸的不小于 300mm×250mm 的风口。

如何理解集中空调通风系统应当具备的三种设施。应急关闭回风的装置,比较好理解,当室内或室内一个区域发现有传染病病人或疑似传染病病人,或发生化学毒物的泄漏,若不关闭回风,会通过集中空调通风系统将该房间或区域的传染病病原体或化学毒物带到其他房间和区域,需要有应急关闭回风的装置切断传染病病原体的传播或化学毒物的扩散。

应急关闭新风的装置,与关闭回风的情况类似,主要是当室外出现空气污染,如严重的雾霾天气,或化学毒物的泄漏时,通过关闭新风,切断室外污染物通过集中空调通风系统向室内扩散。因关闭新风,会导致室内人员的新风量需求不足,因此,该运行方式只能作为临时性的应急措施。

控制集中空调通风系统分区域运行的装置,主要是预防当某个区域发生空气传播性病原体或化学毒物污染时,可以通过控制分区域运行,使得病原体或化学污染物只能在受污染的区域内循环,不至于扩散到其他区域。

可开闭窗口,卫生规范条文说得很清楚,主要用于清洗、消毒用。当然,日常卫生监测、卫生评价和卫生执法监督工作也需要用到可开闭窗口。

(五)空气净化消毒装置

卫生规范条文规定:集中空调通风系统宜设置去除送风中微生物、颗粒物和气态污染物的空气净化消毒装置。卫生规范用了个"宜",即为推荐性条款,意为集中空调通风系统最好要安装空气净化消毒装置。这一条还为我们明确了空气净化消毒装置的三个作用或功能,即除去送风中的微生物(病原微生物)、颗粒物(如 $PM_{2.5}$)和气态污染物(甲醛、苯等),三个功能具有其中的一个,都可称为空气净化消毒装置中的一种,宜称应与其具有的功能相对应。

(六)新风

卫生规范规定集中空调通风系统的新风应直接取自室外,不应从机房、楼道及天棚吊顶等处间接吸取新风。集中空调通风系统的新风为什么不要从机房、楼道及天棚吊顶等处间接吸取,主要原因是从这些地方吸取的新风,其温度与送风温度相近,公共场所经营者可以最大限度地减少能源消耗,节约运行成本。但这不是真正意义上的新风,其实是回风。

图 8-3 新风口在墙外开,新风直接取自室外,符合要求。图 8-4 新风口在室内,虽然前面有个通风窗,若把窗户关了,吸取的新风就是室内的回风了,该种设计不符合要求。

图 8-3 符合要求的新风吸取方式

图 8-4 不符合要求的新风吸取方式

(七)新风口

卫生规范规定集中空调通风系统的新风口应设置防护网和初效过滤器,并符合以下四方面要求:一是新风口应设置在室外空气清洁的地点,远离开放式冷却塔和其他污染源;二是新风口应低于排风口;三是新风口的下缘距室外地坪不宜＜2m，当设在绿化地带时，不宜＜1m；四是进排风不应短路。这些规定的目的，都是为了保证吸取新风是室外清洁、无污染的空气。

（八）送回风口及冷凝水管道

卫生规范规定集中空调通风系统的送风口和回风口应设置防虫媒装置，设备冷凝水管道应设置水封。设置防虫媒装置，主要是防止虫媒通过送回风口进入空调管道系统，产生污染。设备冷凝管道应设置水封，主要是防止出现2003年中国香港特区淘大花园发生的传播SARS病毒管道效应。

（九）加湿方式

加湿方式是指新风机组设置的加湿段加湿，以改善送风中的空气湿度。图8-5显示了典型的新风机组的结构和工作原理，新风从新风阀进入与从回风阀进入的回风在空气混合段混合，经过过滤段过滤掉一些沙尘等颗粒物，经过预热盘管或冷却盘管，加温或降温，再到加湿段加湿调节湿度，再到再热（冷）排管进行微小调节温度，通过供风风机送到室内。

卫生规范规定集中空调通风系统加湿方式宜选用蒸汽加湿，选用自来水喷雾或冷水蒸发的加湿方式应有控制军团菌繁殖措施。这项规定的目的是避免在加湿过程中带来军团菌污染和繁殖。

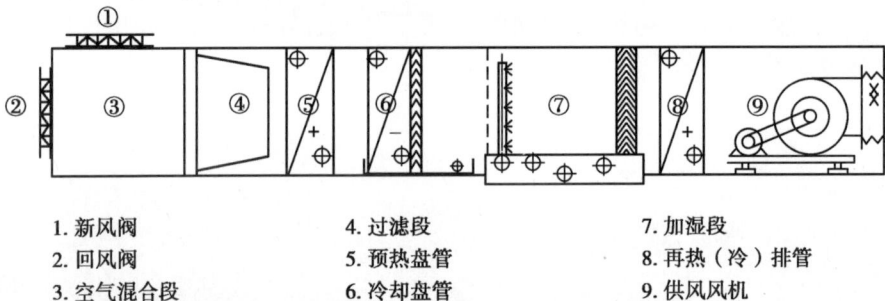

1. 新风阀	4. 过滤段	7. 加湿段
2. 回风阀	5. 预热盘管	8. 再热（冷）排管
3. 空气混合段	6. 冷却盘管	9. 供风风机

图8-5 新风机组示意图

（十）开放式冷却塔

卫生规范规定集中空调通风系统开放式冷却塔的设计有三条：一是开放式冷却塔的设置应远离人员聚集区域、建筑物新风取风口或自然通风口，不应设置在新风口的上风向，宜设置冷却水系统持续消毒装置；二是开放式冷却塔应设置有效的除雾器和加注消毒剂的入口；三是开放式冷却塔水池内侧应平滑，排水口应设在塔池的底部。

这三条规定根据开放式冷却存在的风险来确定。卫生规范对开放式冷却塔提出要求，是因为开放式冷却塔里的冷却水水温一般都在30℃以上，且与空气充分接触，溶解在空气中的颗粒物等物质作为养分，很适合像嗜肺军团菌这类微生物生长繁殖。

图 8-6 示意了开放式冷却塔的工作原理图及对周边的环境影响。

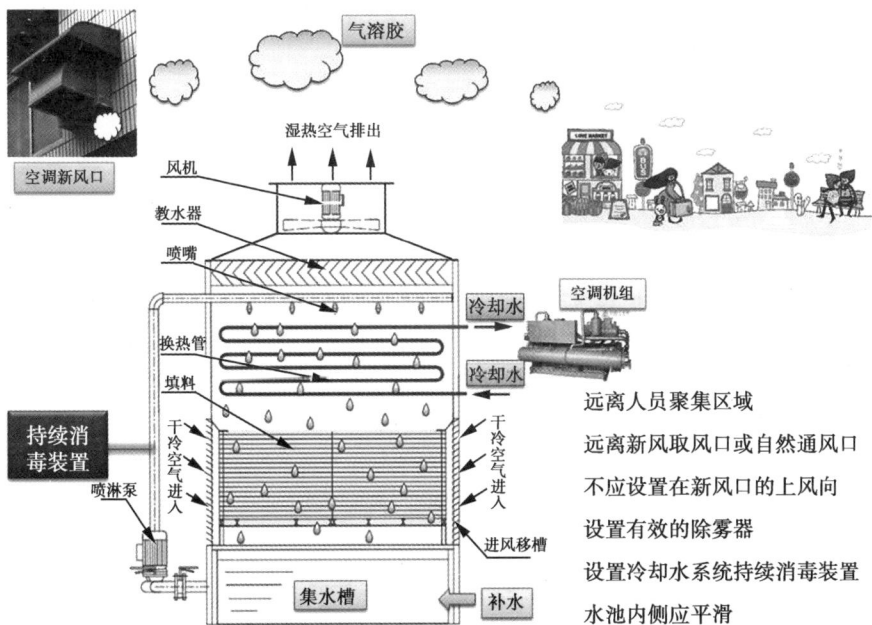

图 8-6 开放式冷却塔的工作原理图及对周边的环境影响

前面讲到空调机组工作时会产生热量,通过冷却水将热量交换出去,冷却水的降温是通过冷却塔来实现的。图中冷却塔左边有个水泵,把集水槽里的水抽到冷却塔的顶部,由顶部喷淋对冷却水进行冷却,喷淋水经过了冷却水盘管,水温上升,水温上升了的水到达冷却塔填料层,与自下而上的风接触而降温,回到集水槽,通过补水,维持水循环。

自下而上的风的产生,是由冷却塔顶部的风机来实现,风机工作时,风从塔底的进风口进,从顶部排出。由于风与水在填料层充分接触,会产生气溶胶,气溶胶与排风一道从顶部排出。当然,冷却塔设计时要求喷淋的上方要加一层除雾器,减少气溶胶等水分的排出(但国内的冷却塔很少有设置除雾器的)。即便如此,还有相当一部分气溶胶通过风机排到周边环境中,因气溶胶来源于喷淋水,可能含有嗜肺军团菌等致病微生物。

若风向合适,气溶胶会随新风口进入室内的集中空调通风系统,通过集中空调通风系统对室内人员造成嗜肺军团菌感染。另一方面,若风向合适,气溶胶也会随风扩散到人群活动区域,对周边的人群健康造成危害。

因此,卫生规范要求冷却塔要远离人员聚集区域,远离新风取风口或自然通风口,不应设置在新风口的上风向,并且应设置有效的除雾器。

卫生规范要求设置冷却水系统持续消毒装置的目的是保证喷淋水不含致病微生物。若喷淋水不含致病微生物,那么排到环境中的气溶胶也不会含有致病微生物。

卫生规范要求水池内侧应平滑,主要是便于冷却塔的清洗、消毒。

(十一)风管

卫生规范规定集中空调通风系统风管内表面应当光滑,易于清理。制作风管的材料不得释放有毒有害物质,宜使用耐腐蚀的金属材料(避免消毒时腐蚀);采用非金属材料制作风管时,必须保证风管的坚固及严密性,具有承受机械清洗设备工作冲击的强度。承受机械清洗设备的重量对于安全性非常重要,现在的机械清洗设备质量都比较大,如果风管不能承受其重量,机械清洗设备就可能从风管中掉落,可能造成机械清洗设备损坏,甚至人员伤害事故。

三、卫生质量要求

卫生质量要求在卫生规范第 4 章中有明确规定。可以理解卫生质量要求分两类,一是空调通风系统本身的卫生要求,包括冷却水和冷凝水及风管;二是空调通风系统产品质量,包括新风量和送风卫生质量。

(一)新风量

运行时的新风量要求与设计要求一致。也分两个层次,宾馆、饭店等场所,室内新风量不应 $< 30\text{m}^3/(\text{h} \cdot \text{人})$;饭馆、咖啡馆等场所,室内新风量不应 $< 20\text{m}^3/(\text{h} \cdot \text{人})$。

(二)冷却水和冷凝水

前面讲了,冷却水来源于冷却塔,而冷凝水主要来源于空调机组和风机盘管的滴水盘。卫生规范要求,冷却水和冷凝水不得检出嗜肺军团菌。

嗜肺军团菌发现于 1976 年,当时美国宾夕法尼亚州的费城举办了一次退伍军人会议,参加者中超过 200 人发生肺炎,其中 34 人死亡。经查明,这次事件的元凶是一种当时尚未发现的细菌——嗜肺军团菌(该病也因此命名为军团病)。这次事件反映了嗜肺军团菌并非小面积的人与人的传染。

嗜肺军团菌是一种需氧的革兰阴性杆菌,无芽胞;在天然的水体中能生存几个月,在普通的自来水中可存活 1 年以上;嗜肺军团菌适宜繁殖的水温条件为 35~40℃;主要存在于集中空调通风系统冷却水和冷凝水中;近年空调冷却塔冷却水中嗜肺军团菌检出率在 50% 以上,在洗浴用水、温泉水中也有较高的嗜肺军团菌检出率。

军团菌的主要健康危害是引起军团菌病,军团菌病症状主要有肺炎型和非肺炎型两种,军团菌肺炎的临床表现较重,表现为以肺部感染为主的全身脏器损害,总病死率在5%~30%之间,免疫力低下的病人病死率高达80%。最近发病规模较大的一次是2005年10月加拿大赛文奥克斯老人护理院暴发的军团菌病,135人感染,其中23人死亡。2012年6月欧洲杯赛期间,捷克队下榻的波兰弗罗茨瓦夫一家酒店发现军团菌,引起了一些赛事风波。

SARS、N7H9大家都十分害怕,甚至恐惧,是因为发病后,有十分高的病死率。军团菌病的病死率与SARS、N7H9不相上下,所以要重视公共场所集中空调通风系统的嗜肺军团菌病的预防。

嗜肺军团菌的限值依据,主要考虑到嗜肺军团菌病具有传染性,危害大,规定嗜肺军团菌不得检出;另外,考虑到可操作性和存在状况,对冷却水、冷凝水和空调送风中军团菌提出要求。军团菌种型较多,仅对危害最大的是嗜肺军团菌提出要求。

(三)空调通风系统送风

卫生规范表8-2对集中空调通风系统送风提出了PM_{10}、细菌总数、真菌总数、β-溶血性链球菌、嗜肺军团菌等5个指标要求。

表8-2 送风卫生要求

项目	要求
PM_{10}	$\leq 0.15mg/m^3$
细菌总数	$\leq 500CFU/m^3$
真菌总数	$\leq 500CFU/m^3$
β-溶血性链球菌	不得检出
嗜肺军团菌(不作为许可的必检项目)	不得检出

1. PM_{10} PM_{10}又叫可吸入颗粒物,它的定义是指,悬浮在空气中,空气动力学当量直径$\leq 10\mu m$,能够进入人体喉部以下呼吸道的颗粒状物质。PM_{10},室内主要来源于燃料燃烧、烟草烟雾、尘螨、动物毛皮屑、室内通风、集中空调通风系统、加湿器等;PM_{10},室外主要来自污染源的直接排放,比如烟囱、车辆、扬尘。

PM_{10}的健康危害,一是可吸入颗粒物被人吸入后,会累积在呼吸系统中,诱发哮喘病的发生;二是还可能引发心脏病、肺病、呼吸道疾病,降低肺功能等,尤其对于老人、儿童和已患心肺病者等敏感人群,风险较大。另外,颗粒物还能降低能见度,并会损坏建筑物表面,前者就是所谓的霾形成主要原因,后者主要是因为颗粒物中含有化学物质,如硫化物、氮氧化物对建筑物表面的腐蚀。

PM$_{10}$限值依据,与我国公共场所等室内空气可吸入颗粒物浓度限值标准均为 0.15mg/m^3 一致。2006 年发布的《公共场所集中空调通风系统卫生规范》将集中空调通风系统送风中的可吸入颗粒物浓度规定为室内空气质量标准限值的 1/2,即 0.08mg/m^3;2012 年修订时,根据近年来空调送风 PM$_{10}$ 的检验、监测结果,0.08mg/m^3 的指标难以达到,PM$_{10}$ 指标修订为 0.15mg/m^3。

2. 细菌总数　细菌总数,主要存在于集中空调通风系统的过滤器、冷却盘管、冷凝水滴水盘、管道、冷却塔、加湿器中;空调管道中的微风速、适宜温湿度和尘埃提供细菌适宜的生存环境;检出的细菌总数越高,说明集中空调通风系统微生物污染越严重。

检出的细菌总数,多数不致病。但检出的细菌总数越多,含有的致病微生物的概率就越大,使人致病的可能性就越高。另外,微生物的大量繁殖,也会产生次级污染物,这些次级污染物会对健康造成危害。如鸡蛋腐败,产生的臭鸡蛋味道。

细菌总数限值依据,主要是参考了《旅店业卫生标准》(GB 9663—1996),该标准规定的室内空气中细菌总数卫生标准,三星级以上宾馆、饭店为不 > 1000CFU/m^3。考虑到集中空调通风系统微生物只是室内微生物来源的一部分,将《旅店业卫生标准》规定的室内空气中细菌总数的 1/2 即 500CFU/m^3 确定为集中空调通风系统送风中的细菌总数限值指标。

3. 真菌总数　真菌主要存在于冷却塔、通风管道、冷水盘管部位。

真菌是一种真核细胞型微生物,种类超过 10 万;真菌的基本结构是孢子和菌丝,孢子是繁殖器官,而菌丝是生长器官;真菌在环境中的适宜生存条件是空气湿润、温暖、阴暗;集中空调通风系统内真菌大多数是嗜温性的(10~35℃)。

真菌的种类很多,不过能引起人或动物感染的仅占极少部分。真菌对人体致病主要有 3 类:一是真菌感染,如美国 2012 年发生的真菌性脑膜炎患者超过 300 人,死亡病例为 25 个,发生此次真菌感染的原因是新英格兰化合中心生产的一个批次的类固醇受到了真菌的污染。二是变态反应性疾病,如过敏性肺炎、光敏性皮疹等疾病;三是中毒性疾病,如误食有毒蘑菇。另外,真菌的孢子和菌丝能引起鼻炎、哮喘、外源性过敏性肺泡炎等。

我国一直没有室内环境真菌的标准。世界卫生组织于 1990 年提出室内空气中的真菌指标为 1500CFU/m^3;美国政府工业卫生工作者协会于 1985 年提出室内空气中真菌指标为 1000CFU/m^3;考虑到集中空调通风系统真菌只是室内真菌来源的一部分,将上述美国政府工业卫生工作者协会提出的室内空气中真菌指标数的 1/2,即 500CFU/m^3 确定为集中空调通风系统送风中的真菌总数限值指标。

4. β- 溶血性链球菌　环境中微生物种类很多,有细菌和真菌地方都可能有致病微生物的存在;可以通过空气介质传播的致病微生物都有可能污染集中空调通风系统,因此集中空调通风系统中可能存在很多致病微生物。致病微生物种类繁多,每个都进行检测是不可能的,也是不现实的。因此,从致病微生物存在的代表性和检验的可行性,卫生规范将 β- 溶血性链球菌作为指示性指标微生物,规定不得检出。

表 8-3 列举了一些常见的致病微生物。从表中可以看到常见的一些致病微生物,如嗜肺军团菌、金黄色葡萄球菌、结核分枝杆菌、炭疽杆菌等以及一些病毒,如流感病毒、麻疹病毒。

这几年发生的一些传染病疫情,不少都是空气传播性传染病。空气传播性疾病感染具有三个特点:一是易感性,可以通过气溶胶的方式造成呼吸道感染;二是暴发性,空气传播快、感染散布广、未知因素多、难设防,当有了感觉的时候,可能已经造成一定范围的感染与暴发了;三是复杂性,预防困难、治疗困难、病原体易变,结核是最明显的例证。

表 8-3　常见的致病微生物

分类		举例	
细菌	革兰阴性 有细胞壁的真细菌	耶尔森菌属	鼠疫耶尔森菌
		军团菌属	嗜肺军团菌
		肠杆菌科	克雷伯杆菌
			枸橼酸杆菌
			变形杆菌
		鲍特菌属	百日咳杆菌
		革兰阴性厌氧无芽胞杆菌	无菌性肺炎
		立克次体	Q 热立克次体
		衣原体	鹦鹉热衣原体
	革兰阳性 有细胞壁的真细菌	葡萄球菌属	金黄色葡萄球菌
		链球菌属	肺炎链球菌
		分枝杆菌属	结核分枝杆菌
		棒状杆菌属	白喉棒状杆菌
		需氧芽胞杆菌属	炭疽杆菌
		支原体	肺炎支原体
真菌(酵母菌、霉菌)		青霉属、枝孢菌属、曲霉属、金黄担子属、链格孢属等	

续表

分类	举例		
病毒	RNA病毒	小RNA病毒科	柯萨奇病毒
			埃可病毒
			鼻病毒
		冠状病毒科	人呼吸道冠状病毒
		正黏病毒科	流感病毒
		副黏病毒科	腮腺炎病毒
			麻疹病毒
			副流感病毒
	DNA病毒	腺病毒科	腺病毒
原生动物	尘螨、昆虫肢体残留物		
植物	花粉		

5. 嗜肺军团菌　卫生规范规定,空调送风中不得检出嗜肺军团菌。这里要特别注意的是,嗜肺军团菌项目下面有个括号,括号内标注不作为许可的必检项目,即公共场所在办理卫生许可证时,不用检测送风中的嗜肺军团菌。

那么设这个指标有啥意义呢?什么情况下需要检测送风中的嗜肺军团菌?以下两种情况下应该要考虑检测送风中的嗜肺军团菌,一是冷却塔冷却水中检出了嗜肺军团菌,这种情况下,冷却水中的嗜肺军团菌在形成气溶胶后,可通过新风口进入集中空调通风系统,参与集中空调通风系统空气循环;二是场所发现了军团菌病人或疑似病人。这两个情况下,送风中有存在嗜肺军团菌的风险较大。

(四)风管内表面

卫生规范规定风管内表面三个方面的卫生要求,一是积尘量,要求不得＞20g/m^2;二是细菌总数;三是真菌总数,后两个指标都不得＞100CFU/cm^2。见表8-4。

表8-4　风管内表面卫生要求

项目	要求
积尘量	≤20g/m^2
细菌总数	≤100CFU/cm^2
真菌总数	≤100CFU/cm^2

在集中空调通风系统的卫生管理中,积尘量指标具有十分重要的意义,因为只有它在集中空调通风系统里是看得见、摸得着的,评价一个集中空调

通风系统是否污染,往往首先就看集中空调风管、风口积尘有多少。

积尘量的定义很简单,是指集中空调风管内表面单位面积灰尘的量。

积尘量的来源,一方面在新风管,微小的砂粒、鸟的羽毛、树叶、微生物等会随新风一起吸入到管道内,在新风管道和送风管道内壁底部堆积;另一方面,回风口一般不设过滤器,室内空气中的粉尘、纤维、微生物等直接随着回风进入回风管道。

积尘中含有微生物和化学污染物,是污染物对健康危害的一个重要载体。积尘量健康危害,一是产生的 PM_{10}、$PM_{2.5}$ 危害;二是携带的生物性污染物产生的危害;三是携带的化学性污染物产生的危害。

卫生规范规定了风管内表面积尘量不得 > $20g/m^2$,主要考虑了四个方面的原因:一是我国室外空气污染状况;二是我国集中空调通风系统污染状况;三是集中空调通风系统清洗间隔和成本;四是对健康危害程度(PM_{10})。

风管内表面中的细菌总数和真菌总数的指标意义同空调送风。

四、卫生管理要求

卫生管理要求,在卫生规范的第 5 章有详细的规定,主要包括卫生档案,检测、监测、维护,部件清洗,部件清洗消毒,应急预案,传染病暴发流行时空调运行条件,传染病暴发流行时空调运行管理等七个部分。

(一)建立卫生档案制度

卫生规范要求公共场所经营者应建立集中空调通风系统卫生档案,主要包括以下五方面的内容:①集中空调通风系统竣工图;②卫生学检测或评价报告书;③经常性卫生检查及维护记录;④清洗、消毒及其资料记录;⑤空调故障、事故及其他特殊情况记录。

要求建立集中空调通风系统卫生档案的一个重要目的就是便于卫生执法监督部门的执法监督检查。通过查看卫生档案,卫生执法监督人员就可以知道,公共场所集中空调的卫生学评价、清洗消毒、维护、保养等工作的开展情况。当然,这些档案资料,如集中空调通风系统竣工图,也是公共场所卫生学评价及清洗、消毒的一个重要依据。

(二)检查、检测和维护制度

卫生规范规定公共场所经营者应定期对集中空调通风系统进行检查、检测和维护。其实,集中空调的检查、检测、维护包含很多方面,除卫生方面的检查、检测、维护外,还包括集中空调通风系统的运行方面的维护、保养。

(三)部位清洗

卫生规范要求公共场所经营者要定期对集中空调通风系统下列部位进行清洗。清洗频次,开放式冷却塔每年清洗不少于一次;空气净化过滤材料应当每 6 个月清洗或更换一次；空气处理机组、表冷器、加热（湿）器、冷凝水盘等每年清洗一次。

开放式冷却塔的每年清洗，一般可安排在夏季空调使用前的 4 个月或 5 个月。

（四）部位的清洗消毒

当发现集中空调通风系统受污染，或卫生指标超标，不仅要对相关部位进行清洗，还需对其进行消毒。

卫生规范规定，当集中空调通风系统出现下列情况时，应对相关部位进行清洗消毒：一是当冷却水、冷凝水中检出嗜肺军团菌时；二是送风质量不符合表 8-2 要求时；三是风管内表面积尘量、细菌总数、真菌总数有不符合表 8-3 要求时。

当然，消毒仅针对微生物指标超标的情况。像积尘量、PM_{10} 超标，清洗即可。

（五）应急预案

卫生规范规定公共场所经营者应制定集中空调通风系统预防空气传播性疾病的应急预案，主要包括以下内容：集中空调通风系统进行应急处理的责任人，不同送风区域隔离控制措施、最大新风量或全新风运行方案、集中空调通风系统的清洗、消毒方法等，集中空调通风系统停用后应采取的其他通风与调温措施等。

应急预案内容其实包含了四个层面的要求，一是应急处理要有责任人；二是应急情况下要有空调运行方案；三是应急处理要有后续的清洗、消毒方法；四是若空调停用，要有其他通风和调温补救措施。

（六）传染病暴发流行时集中空调运行条件

传染病暴发流行时空调运行条件，卫生规范规定当空气传播性疾病暴发流行时，符合下列三个条件之一的集中空调通风系统方可继续运行：一是采用全新风方式运行的；二是装有空气净化消毒装置，并保证该装置有效运行的；三是风机盘管加新风的集中空调通风系统，能确保各房间独立通风的。

这条规定很重要，其实是给传染病暴发流行时，集中空调通风系统的使用在设置门槛的情况下开了个口子，避免了 2003 年 SARS 暴发流行时，所有集中空调都不敢使用的尴尬局面。

（七）传染病暴发流行时集中空调运行管理

卫生规范规定，当空气传播性疾病暴发流行时，应每周对运行的集中空调通风系统的开放式冷却塔、过滤网、过滤器、净化器、风口、空气处理机组、表冷器、加热（湿）器、冷凝水盘等设备或部件进行清洗、消毒或者更换。

这条规定，其实是加大了空气传播性疾病暴发流行期间，开放式冷却塔及空调部件的清洗、消毒频次。由一般情况下的每年、每 6 个月一次，改为每周一次。

五、卫生检测要求

卫生规范第6章规定了检测样本量、检验方法及检验结果判定三个方面的卫生检验要求。

（一）检测样本量

关于检测样本量，卫生规范规定了三个抽样步骤及对应的样本量要求：一是抽样比例不应少于空气处理机组对应的风管系统总数量的5%，不同类型的集中空调通风系统，每类至少抽1套；二是每套应选择2~5个代表性部位；三是集中空调通风系统的冷却水和冷凝水分别不应少于1个部位。

难以理解的是第一点，抽样比例不应少于空气处理机组对应的风管系统总数量的5%。要读懂这句话的意思，首先要理解"空气处理机组对应的风管系统"是什么意思。其实这句话中的"空气处理机组对应的"是修饰"风管系统"的。图8-7就是一个风管系统，左边是空气处理机组，右边是与之对应的

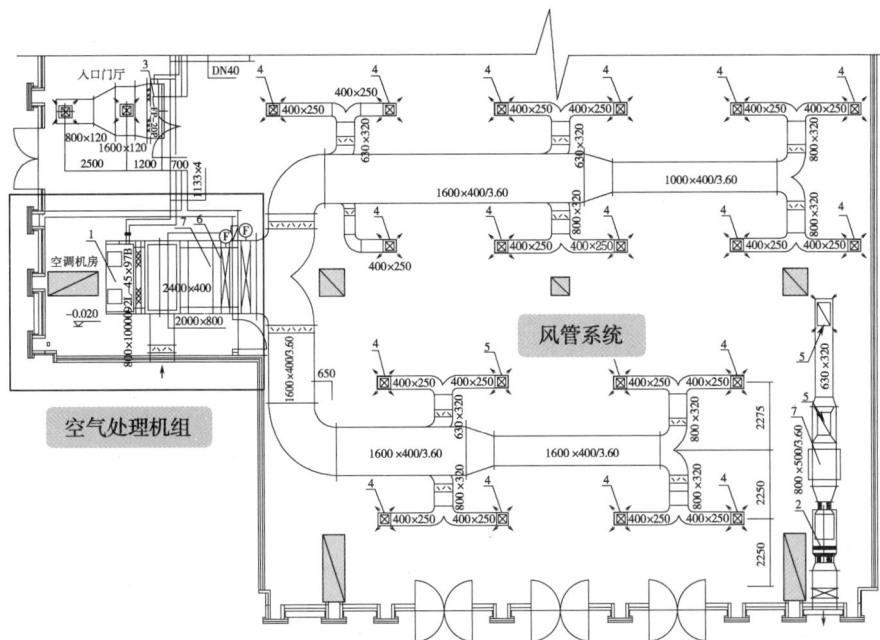

注：
1. 定风量空调器（带初效、中效过滤器）　　风量：24000m³/h
2. 混流式排风风机箱HLF-6A　　　　　　　风量：4800m³/h
3. 卧式暗装风机盘管 FP-20WA　　　　　　风量：2000m³/h
4. 铝合金方型散流器送风口（带调节阀）　　尺寸：320×320
5. 铝合金单层百叶风口（带调节阀）　　　　尺寸：800×500
6. 片式消声器 ZP-100型　　有效长度2.0m
6. 片式消声器 ZP-100型　　有效长度4.0m

图8-7　单个风管系统设计图纸

风管系统,这个风管系统包含有新风管、送风管、回风管,且与空气处理机组相对应。

图 8-8,包含了多个风管系统,每个风管系统都有与之对应的空气处理机组。在实际卫生检测或评价工作中,一般可以通过数空气处理机组的数量,来确定风管系统的数量。

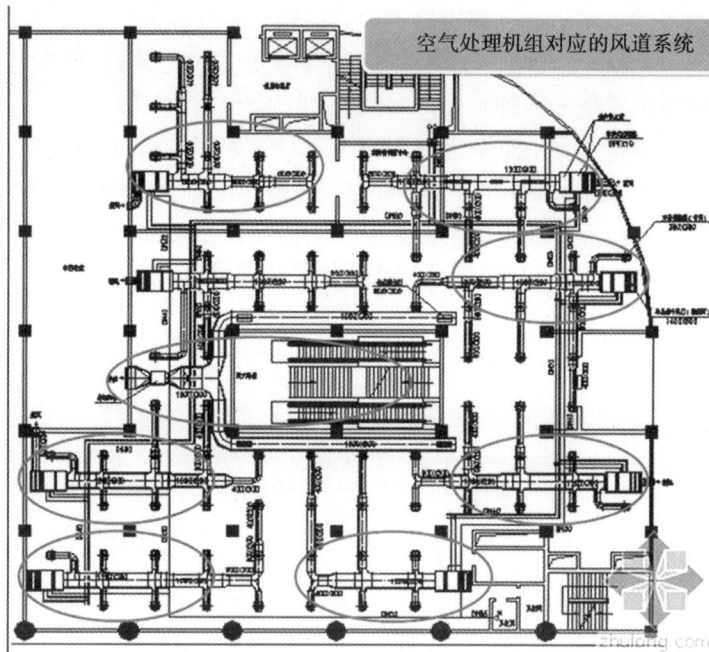

图 8-8　多个风管系统设计图纸

（二）检测方法

卫生规范有 9 个附录,9 个附录分别规定了新风量,冷却水、冷凝水中嗜肺军团菌,送风中可吸入颗粒物、细菌总数、真菌总数、β- 溶血性链球菌、嗜肺军团菌,风管内表面积尘量、微生物等检验方法。具体如下:

1. 集中空调新风量检测方法见附录 A。

2. 集中空调冷却水、冷凝水中嗜肺军团菌检验方法见附录 B。

3. 集中空调送风中可吸入颗粒物检测方法见附录 C。

4. 集中空调送风中细菌总数检验方法见附录 D。

5. 集中空调送风中真菌总数检验方法见附录 E。

6. 集中空调送风中 β- 溶血性链球菌检验方法见附录 F。

7. 集中空调送风中嗜肺军团菌检验方法见附录 G。

8. 集中空调风管内表面积尘量检验方法见附录 H。

9. 集中空调风管内表面微生物检验方法见附录 I。

（三）检验结果判定

检验结果判定，卫生规范规定了判定该套集中空调通风系统不符合卫生质量要求的 6 种情况：

1. 冷却水或冷凝水中有嗜肺军团菌检出的。

2. 新风量检测结果不符合卫生规范中表 1 要求的。

3. 单个风口送风中细菌总数、真菌总数、β- 溶血性链球菌、嗜肺军团菌检测结果有不符合表 2 要求的。

4. 抽取的各个风口送风中 PM_{10} 的平均值不符合卫生规范中表 2 要求的。

5. 风管内表面积尘中细菌总数、真菌总数检测结果有不符合卫生规范中表 3 要求的。

6. 风管内表面各采样点积尘量检测结果的平均值不符合卫生规范中表 3 要求的。

实际应用时，可将上述规定归纳成三类指标。第一类是微生物指标，只要有一个部位的检测结果不符合要求，就可判定整个集中空调通风系统不合格；第二类是物理指标，如 PM_{10} 和积尘量，是计算每个系统所有检测部位的检测结果的平均值，只要平均值不超标，该指标就符合要求；第三类是新风量指标，新风量是在新风管测定的，一般来说，一个系统只有一个新风管，所以新风量的数据只是一个部位的，合格就合格，不合格就不合格。

第二节　公共场所集中空调通风系统卫生学评价

2012 年原卫生部发布的《公共场所集中空调通风系统卫生学评价规范》（WS/T 395—2012，以下简称"评价规范"）规定了公共场所集中空调通风系统卫生学评价范围、规范性引用文件、卫生学评价机构、卫生学评价、评价报告等 5 章内容。该规范为推荐性国家卫生行业标准。而与它同时发布的《公共场所集中空调通风系统卫生规范》（WS/T 394—2012）为强制性国家卫生行业标准，《公共场所集中空调通风系统清洗消毒规范》（WS/T 396—2012，以下简称"消毒规范"）为推荐性国家卫生行业标准。

一、卫生学评价范围

评价规范第 1 章有两个条款，一是本标准规定了新建、改建、扩建的公共场所集中空调通风系统的设计和竣工验收卫生学评价的技术要求；二是本标准适用于已投入运行的公共场所集中空调通风系统，其他场所集中空调通风系统的卫生学评价参照执行。前者规定了集中空调通风系统卫生学评价的评价对象是新建、改建、扩建的公共场所集中空调通风系统，评价内容只是设计和竣工验收卫生学评价，不包括经常性卫生学评价，这点与2006年原卫生部发布《公共场所集中空调通风系统卫生学评价规范》（卫监督发〔2006〕58号）的规定有所不同。后者规定了本标准适用于公共场所的集中空调通风系统卫生学评价，其他场所，如办公场所、住宅等的集中空调通风系统的卫生学评价只能参照执行。

二、卫生学评价机构

评价规范第3章规定了卫生学评价机构的基本要求、人员要求、质量管理体系要求和设备要求四个部分。

（一）基本要求

评价规范规定，卫生学评价机构应具有独立的法人资格，拥有固定的办公场所和相应的实验室，检测项目应当获得省级以上实验室资质认定。这三个方面的要求，也是国家对第三方机构出具检测、评价报告最基本的法人主体、实验室条件和实验室能力的要求。

（二）人员要求

评价规范规定，卫生学评价机构的技术负责人应具有副高级以上专业技术职称并从事相关专业工作5年以上；专业技术人员应有不少于5名与集中空调通风系统卫生学评价工作相适应的公共卫生、卫生检测专业人员，并具备相应的专业技术能力，其中中级专业技术职称以上人员不少于专业人员总数的40%；专业人员应经过培训，并考核合格。这些规定体现了卫生学评价工作的专业性，从事卫生评价工作必须是一些具有一定工作经验、学识水平、专业背景，且需经过培训合格的专业技术人员。

（三）质量管理体系要求

评价规范规定，卫生学评价机构应设立专门的质量管理部门，并有完善的符合集中空调通风系统卫生学评价质量的管理体系。本条规定的目的，是为了保证卫生学评价的独立性、公正性和科学性。

（四）设备要求

评价规范规定卫生学评价机构，一是要拥有量值准确可靠、性能良好，与集中空调通风系统卫生学评价项目相配套的仪器设备，基本仪器设备见评价规范附录A；二是配置的仪器设备应能满足工作需要，并能良好运行；三是仪器设备应定期进行计量检定，并贴有检定或校验标识，定量采样机器人应编制自校规程并定期进行不确定度评定；四是仪器设备应有完整的操作规程。

　　评价规范附录 A 有个表，即表 8-5。表中规定了集中空调通风系统卫生学评价机构的基本仪器设备要求，设备包括了进行微生物、微小气候及新风量、可吸入颗粒物、积尘量和风管采样 5 个方面的检验、采样所需要的仪器设备名称及相应的技术参数。

表 8-5　集中空调通风系统卫生学评价机构的基本仪器设备要求

测定项目	仪器设备	技术参数与要求
微生物	真菌检验实验室	
	培养箱	35℃±1℃或37℃±1℃
	厌氧培养装置	
	普通冰箱、低温冰箱	
	紫外线灯	波长 360nm±2nm
	涡旋振荡器	可达 200r/min 以上
	离心机	
	滤膜滤器	可装直径 45mm 的滤膜
	恒温水浴	
	普通光学显微镜	
	荧光显微镜	
	体式镜	
	六级筛孔空气撞击式采样器	对空气中细菌的捕获率＞95%
微小气候及新风量	温、湿度计 热电风速仪（风速计法） 标准皮托管（皮托管法） 微压计（皮托管法）	温度最小分辨率 0.1℃，测量精度 ±0.5℃ 相对湿度最小分辨率 0.1%，测量精度 ±3% 最小读数应不＞0.1m/s 测量范围 0.05~30m/s $K_p=0.99±0.01$（或 S 型皮托管） $K_p=0.84±0.01$ 精确度应不低于 2%，最小读数应不＞1Pa
可吸入颗粒物	便携式 PM_{10} 直读仪	仪器测定范围 0.01~10mg/m³
积尘量	分析天平	范围 0~80g，精度 0.0001g
风管采样	定量采样机器人（运动系统、采样系统、监视录像系统、操作控制系统）	采样精度：与标准方法之间的相对误差＜20% 采样一致性：相同积尘量样品之间相对偏差＜10%

三、卫生学评价

评价规范的第 4 章规定了卫生学评价工作的评价依据、评价内容与方法、评价结论和建议。这部分内容是卫生学评价规范的核心。

(一)评价依据

评价依据主要三个部分,一是国家标准、规范;二是公共场所经营者提供的技术资料;三是其他相关文件和资料。

1. 国家标准、规范　主要包括:

(1)《中华人民共和国传染病防治法》。

(2)《公共场所卫生管理条例》。

(3)《公共场所卫生管理条例实施细则》。

(4)《公共场所集中空调通风系统卫生规范》(WS 394)。

(5)《公共场所集中空调通风系统清洗消毒规范》(WS/T 396)。

(6)公共场所卫生标准。

关于公共场所卫生标准,我国现行有效的国家公共场所卫生标准共有 12 项,包括:旅店业,文化娱乐场所,公共浴室,理发店、美容店,游泳场所,体育馆,图书馆、博物馆、美术馆、展览馆,商场(店)、书店,医院候诊室卫生标准,公共交通等候室卫生标准,公共交通工具卫生标准,饭店(餐厅)卫生标准等。目前公共场所卫生标准已完成修订工作,等待国标委的批准。

2. 公共场所经营者提供的技术资料　公共场所经营者提供的技术资料,主要包括:

(1)建设项目的审批文件。

(2)建设项目概况资料。

(3)集中空调通风系统设计资料。

这些技术资料是卫生学评价工作的主要依据,因为法规、标准是共性的东西,只有这些技术资料才反映出评价对象的特殊性。一般来说,在整个的建筑物工程设计资料里有暖通空调专业设计专篇。

3. 其他相关文件和资料　除法规、标准及公共场所经营者提供的技术资料外,其他的一些相关文件和资料,只要对评价工作有帮助,也可作为评价依据。

(二)评价内容与方法

评价规范规定了集中空调通风系统的卫生学评价,主要包括设计评价和竣工验收评价两部分。

1. 设计评价　就设计评价来说,主要包括有三个步骤,一是基本情况分析,二是现场调查,三是评价。

（1）基本情况分析：基本情况分析，主要是指对公共场所经营者所提供的技术资料进行基本情况分析，包括六个方面：一是项目地点、总投资、平面布局、建筑面积；二是建设项目用途、服务人数；三是空调类型、气流形式和系统设计参数；四是冷却塔的类型和位置；五是新风口位置，过滤及防护设施；六是其他方面，按 WS 394 的要求。

对上述资料进行基本情况分析，是根据公共场所的卫生学要求来进行的，如平面布局、建设项目用途涉及公共场所类型，服务人数涉及新风量指标，系统设计参数涉及温度、湿度和风速等微小气候控制，冷却塔和新风口位置，涉及新风质量，等等。

（2）现场调查：现场调查，是在基本情况分析的基础上，到现场开展的调查活动，主要包括两方面，一是周边环境现状及危害因素监测；二是建筑物现况及自身污染状况。前者主要调查和监测周边的环境污染状况，如周边的一些工业污染和生活污染，对拟建的公共场所的卫生质量的影响；后者主要调查拟建的公共场所对周边环境可能产生的影响，此外还要调查建筑物自身的污染情况，比如现在的地下车库，汽车尾气通过电梯和楼道对室内环境和集中空调通风系统产生的影响。

（3）评价：评价是在基本情况分析和现场调查的基础上，对集中空调通风系统设计资料进行的全方位评价，主要有 6 个方面。

1）温度、相对湿度、风速、噪声、新风量等设计参数的评价：这些参数要符合卫生规范的要求。卫生规范规定：集中空调通风系统送风温度的设计，宜使公共浴室的更衣室、休息室冬季室内温度达到 25℃，其他公共场所在 16~20℃ 之间，夏季室内温度在 26~28℃ 之间；集中空调通风系统送风湿度的设计，宜使游泳场（馆）相对湿度不＞80%，其他公共场所相对湿度在40%~65% 之间；集中空调通风系统送风风速的设计，宜使宾馆、旅店、招待所、咖啡馆、酒吧、茶座、理发店、美容店及公共浴室的更衣室、休息室风速不＞0.3m/s，其他公共场所风速不＞0.5m/s；集中空调通风系统噪声的设计，要求对有睡眠、休憩需求的公共场所，集中空调通风系统运行所产生的噪声对场所室内环境造成的影响不得高于设备设施关闭状态时室内环境噪声值 5dB（A 计权）；集中空调通风系统新风量的设计，要符合卫生规范中表 1（即表 8-6）的要求。表 8-6 对新风量提出了两个层次的要求，一是宾馆、饭店等 13 个场所，室内新风量不应＜30m³/(h·人)；二是饭馆、咖啡馆等 14 个场所，室内新风量不应＜20m³/(h·人)。

2）机房、风管、冷却塔、空气净化装置、加湿装置、应急关闭回风的装置、控制集中空调通风系统分区域运行的装置、清洗用的可开闭窗口等设备、设施的评价。

表 8-6　新风量要求

场所名称	新风量[m³/(h·人)]
宾馆、饭店、旅店、招待所、候诊室、理发店、美容店、游泳场（馆）、博物馆、美术馆、图书馆、游艺厅（室）、舞厅等	≥ 30
饭馆、咖啡馆、酒吧、茶座、影剧院、录像厅（室）、音乐厅、公共浴室、体育场（馆）、展览馆、商场（店）、书店、候车（机、船）室、公共交通工具等	≥ 20

这些方面的设计，要符合卫生规范的要求。卫生规范 3.6 条规定，集中空调通风系统应具备下列设施：应急关闭回风和新风的装置；控制集中空调通风系统分区域运行的装置；供风管系统清洗、消毒用的可开闭窗口，或便于拆卸的不小于 300mm × 250mm 的风口。

卫生规范 3.7 条规定，集中空调通风系统宜设置去除送风中微生物、颗粒物和气态污染物的空气净化消毒装置。

卫生规范 3.11 条规定，集中空调系统加湿方式宜选用蒸汽加湿，选用自来水喷雾或冷水蒸发的加湿方式应有控制军团菌繁殖措施。

3）新风、排风、送回风等通风系统的评价：这方面的评价要求在卫生规范 3.8、3.10 中有规定。卫生规范 3.8 规定，集中空调通风系统的新风应直接取自室外，不应从机房、楼道及天棚吊顶等处间接吸取新风。卫生规范 3.10 规定，集中空调通风系统的送风口和回风口应设置防虫媒装置，设备冷凝水管道应设置水封。

4）空调水系统、气流组织、空调管道材质和保温材料等的评价：这些方面的设计评价，卫生规范 3.11 规定，集中空调通风系统加湿方式宜选用蒸汽加湿，选用自来水喷雾或冷水蒸发的加湿方式应有控制军团菌繁殖措施。卫生规范 3.13 规定，集中空调通风系统风管内表面应当光滑，易于清理。制作风管的材料不得释放有毒有害物质，宜使用耐腐蚀的金属材料；采用非金属材料制作风管时，必须保证风管的坚固及严密性，具有承受机械清洗设备工作冲击的强度。

关于空调水系统的设计，要看该设计是否与建筑物的规模、使用功能与区域划分相适应，是否污染生活水系统。因为在一个建筑物内，除空调水系统外，还有生活饮用水系统，还有消防水系统，这些水系统的运行基本上是相互独立的。评价时，看看空调水系统是否影响其他水系统，或被其他水系统污染。

5）新风口过滤网设置、防护设施等的评价：这些设计评价，要求符合卫生规范 3.9 的要求。卫生规范 3.9 规定，集中空调通风系统的新风口应设置防护网和初效过滤器,并符合以下要求:置在室外空气清洁的地点,远离开放式冷却塔和其他污染源;低于排风口;进风口的下缘距室外地坪不宜＜2m,当设在绿化地带时,不宜＜1m;进排风不应短路。

6)冷却塔周边卫生状况等的评价:对冷却塔的位置的设计评价,要求符合卫生规范3.12要求。卫生规范3.12规定,集中空调通风系统开放式冷却塔应符合下列要求:开放式冷却塔的设置应远离人员聚集区域、建筑物新风取风口或自然通风口,不应设置在新风口的上风向,宜设置冷却水系统持续消毒装置;开放式冷却塔应设置有效的除雾器和加注消毒剂的入口;开放式冷却塔水池内侧应平滑,排水口应设在塔池的底部。

2.竣工验收评价　设计评价符合要求后,公共场所的集中空调通风系统的建设就可以进入施工阶段,标准化的卫生学评价程序,应该还要含有施工评价,考虑到集中空调的施工,主要是设备安装,评价规范未要求开展施工评价。

施工完成后,就进入到竣工验收评价。竣工验收评价也包括三个步骤,一是现场调查,二是卫生检测,三是分析和评估。

(1)现场调查:现场调查主要有两方面,一是调查施工完成后,集中空调通风系统的卫生状况,主要内容是检查新风口、机房、新风阀、混合静压室、空气过滤器、冷却盘管、冷凝水滴水盘、加湿和除湿设备、风管、冷却塔等的卫生状况。二是调查设备设置和布局,主要是看看设备设置和布局是否符合设计要求,是否在施工时更改了设备设置和布局。

(2)卫生检测:卫生检测是竣工验收评价的关键步骤。卫生检测包括抽样和检测两个部分。

1)抽样:现在的一个公共场所,往往都比较大,功能分区也比较多,含有多套集中空调通风系统,对每个集中空调通风系统都进行检测没有必要。因此,检测前先要抽样,以抽取的样本代表总体,这就要求抽样要有随机性、代表性和可行性。抽样也是分步实施的。

第一步:抽风道系统(机组),抽样比例不应少于空气处理机组对应的风道系统总数量的5%;不同类型的集中空调通风系统,每类至少抽1套。关于"抽样比例不应少于空气处理机组对应的风道系统总数量的5%"的含义,在卫生规范一节已作了阐述,"风道系统总数量的5%"是这句话的核心,"空气处理机组对应的"是修饰"风道系统"的。风道系统抽样,虽然表述与2006版卫生学评价规范不一样,但表达意思是相同的。

第二步:对抽取的风道系统选择检测部位。评价规范规定得很具体,对抽取的系统:①选择3~5个代表性部位,检测风管内表面积尘量和积尘中的微生物。②冷却水、冷凝水不少于1个部位;冷却水需采集平行样品。冷却水一般在冷却塔采样,冷凝水一般在风机盘管滴水盘,或者在冷凝水收集管采样,采样部位要有一个以上,冷却水检测需要采集平行样品。这里需要说明的是,一个公共场所,集中空调通风系统可能有很多套,但冷却塔可能只有几个。③送风质量的检测,每套集中空调通风系统也是要选择 3~5 个送风口进行检测。PM_{10}:送风口面 < $0.1m^2$,设置 1 个检测点,送风口面积 > $0.1m^2$,设置 3 个检测点;送风中细菌总数、真菌总数、β- 溶血性链球菌:每个送风口设一个采样点。嗜肺军团菌(根据实际情况选测),每个送风口设一个采样点。④新风量检测,在进风管,每个进风管不少于 1 个部位。

2)检测指标和方法:评价规范规定,检测指标和方法按 WS 394 要求执行。

具体要求如下:①新风:检测新风量,方法见卫生规范附录 A;②冷却水和冷凝水:检测嗜肺军团菌,方法见 WS 394 附录 B;③送风:检测 PM_{10}、细菌总数、真菌总数、β- 溶血性链球菌、嗜肺军团菌,方法见 WS 394 附录 C、附录 D、附录 E、附录 F、附录 G;④风管内表面:检测积尘量、细菌总数和真菌总数,方法见 WS 394 附录 H、附录 I。

(3)分析和评估:竣工验收评价的第三步是分析和评估,根据检测结果对可能造成的健康危害进行分析和评估。

(4)评价结论和建议:评价结论和建议,是根据评价结果,分别作出评价结论,并针对发现的卫生问题提出相应的建议。这部分是卫生学评价的产出。

四、评价报告

(一)评价报告形式

评价规范规定,评价报告有两种形式:评价报告表、评价报告书。评价报告表的编制见评价规范附录 B,评价报告书的编制见评价规范附录 C。

1. 卫生学评价表　评价规范附录 B 为集中空调通风系统卫生学评价表的编制要求,要求包括了封面页、首页及卫生学评价表三部分。

(1)封面页应包括:①"集中空调通风系统卫生学评价报告表"名称;②报告表编号;③评价机构名称(加盖公章);④报告表签发时间。

(2)首页应包括:①评价项目名称;②评价项目地址;③委托单位名称;④委托单位地址;⑤委托单位联系人;⑥委托单位联系电话;⑦评价技术负责人(包括签字);⑧评价人员名单(包括姓名、职称、专业、签字);⑨审核人(包括签字)。

(3)卫生学评价表式样见表 8-7。

表 8-7　集中空调通风系统卫生学评价表

评价项目名称				
评价项目地址				
项目性质	新建□　改建□　扩建□　已投入运行□			
法定代表人		联系电话	传真	
联系人		联系电话	传真 /Email	
建设项目用途		服务人数（人）	建筑面积（m²）	
总投资概算（万元）		集中空调通风系统 投资概算（万元）		
评价项目概况：				
集中空调通风系统设计（或试运行）情况：				
空调通风系统工艺及基本参数：				
评价目的				
评价依据				
现场调查情况	周边环境现状、建筑物现况及自身污染状况			
	空调通风系统卫生状况			
	空调通风系统设备设置和布局			
	空调通风系统相关管理制度			
卫生检测与评价	抽样方法			
	检测方法			
	检测结果			
	检测结果评价			
结论与建议				

2. 卫生学评价报告　评价规范附录 C 为集中空调通风系统卫生学评价报告书的编制要求，要求包括了封面页、首页及正文三部分。

（1）封面页应包括：①评价报告编号；②评价项目名称：××××集中空调通风系统卫生学评价报告；③评价机构名称（加盖公章）；④报告编制日期。

（2）首页应包括：①委托单位名称；②委托单位地址；③评价项目地址；④委托单位联系人；⑤委托单位联系电话；⑥评价技术负责人（包括签字）；⑦评价人员名单（包括姓名、职称、专业，签字）；⑧审核人（包括签字）。

（3）正文应包括：①评价项目名称；②任务来源；③评价目的；④评价范

围；⑤评价依据；⑥项目概况；⑦评价内容与方法；⑧分析、调查、检测数据与结果；⑨结论和建议。

（二）评价报告编制要求

评价报告是卫生学评价工作的总结性文件，规范对评价报告的编制，提出了具体要求，要求评价报告的编制应在基本情况分析、现场调查、卫生检测、评价分析的基础上，全面、真实地反映卫生学评价的全部工作，文字要求简洁、准确，用语规范，结论明确。

（三）评价报告内容要求

评价报告应包括项目的基本情况、评价依据、评价内容和方法、调查与检测结果分析、评价结论和建议。

总之，公共场所集中空调通风系统的卫生学评价包括设计和竣工验收卫生学评价两部分。设计评价，包括基本情况分析、现场调查、评价三个步骤；竣工验收评价包括现场调查、卫生检测、分析和评估三个步骤。评价工作完成后，要编制卫生学评价报告表或卫生学评价报告书。

第三节　公共场所集中空调通风系统卫生抽检和执法监督要点

一、集中空调系统的主要健康风险

集中空调系统的主要健康危害因素包括物理性（如：噪声）、化学性（如：PM_{10}、VOCs）和生物性（如：嗜肺军团菌、产毒真菌）三大类，下面我们主要以生物性污染来阐述集中空调系统的健康风险。

（一）集中空调系统的生物性污染现状

1. 细菌总数　2006 年，原卫生部在全国 30 个省、自治区、直辖市的 1000多家公共场所开展的重点执法监督检查结果显示，集中空调送风和空调风管积尘中细菌总数的超标率分别为 36.9% 和 15.5%。

2. 嗜肺军团菌　军团菌广泛存在于集中空调冷却水、风管积尘、洗浴水、景观水、花卉土等诸多环境介质中，以气溶胶方式扩散传播，感染人体甚至引发军团菌病（图 8-9）。军团菌为革兰阴性杆菌，长 2~4μm，宽 0.3~0.4μm，在培养基表面生长后也可出现 8~20μm 长丝状菌体。军团菌为微需氧菌，无芽胞，有菌毛，大部分菌种有鞭毛可活动。军团菌外膜中的蛋白质是种特异抗原，脂多糖部分是血清型特异抗原。目前已报道军团菌属有 46 个种 68 个血清型，具有致病性的军团菌有嗜肺军团菌、长滩军团菌、米克戴德军团菌、博尔兹曼军团菌等，其中嗜肺军团菌 *L. pneumophila*（*LP*）是军团菌属中的一种，包括15个血清型。引起人军团菌病的病原约90%为嗜肺军团菌,其中 *LP* 1、*LP* 4及 *LP* 6型又占多数。

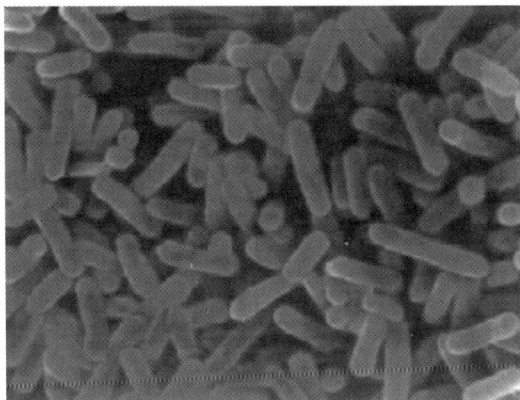

图8-9 嗜肺军团菌

(1)集中空调冷却水:我国公共场所集中空调系统冷却水中嗜肺军团菌的污染始终处于严重污染程度,2000—2013年相关调查研究结果见表8-8。

表8-8 集中空调冷却水嗜肺军团菌污染现状

调查年份	冷却水 LP 阳性率(%)	备注(数据来源)
2000 年	50~70	中华流行病学杂志,2000
2006 年	20~50	全国公共场所重点监督检查通报,2006
2009 年	70~80	环境与健康杂志,2010
2013 年	65~90	国家卫生行业公益性科研专项,2010—2013

(2)风管积尘:集中空调风管积尘中嗜肺军团菌污染的小样本量(n=65)研究结果显示,嗜肺军团菌阳性率28%~45%。

(3)空调送风:2009年,通过对我国公共场所集中空调送风75个样品的巢式PCR检测,嗜肺军团菌阳性率为17.3%。

(4)军团菌污染的优势菌群与污染水平:2011~2012年,对我国南北方4个城市近百家公共场所集中空调冷却水嗜肺军团菌阳性的样品进行血清分型检测结果显示,嗜肺军团菌血清1型(LP1)占全部阳性样品的54.8%(国家卫生行业公益性科研专项,2010—2013),LP1仍然是我国公共场所集中空调冷却水嗜肺军团菌污染的主要血清型别。

公共场所集中空调冷却水和空调送风嗜肺军团菌浓度水平见表8-9,

其中 80% 的冷却水样品嗜肺军团菌浓度在 10^2~10^4 CFU/L，90% 的空调送风样品嗜肺军团菌浓度在 10^3~10^4 CFU/m^3（国家卫生行业公益性科研专项，2010—2013）。

表 8-9　集中空调系统嗜肺军团菌浓度水平

样品类型	培养法	RT-PCR 法
空调冷却水	10^2~5×10^4CFU/L	8×10^3~10^7CFU/L
空调送风	/	10^3~2×10^5CFU/m^3

3. 分枝杆菌　分枝杆菌包括结核分枝杆菌复合群（Mycobacteria tuberculosis complex，MTC）、非结核分枝杆菌（Nontuberculous mycobacteria，NTM）和麻风分枝杆菌。全球每年有超过 900 万的新发结核病病例，近年结核病出现复苏趋势，亚洲和非洲部分国家结核病的发病率和死亡率持续增长，另外，非结核分枝杆菌病发病率亦呈上升趋势，我国非结核分枝杆菌感染率在 15% 左右，艾滋病患者等高危人群的感染率更是高达 95% 以上。集中空调系统可能成为公共场所结核分枝杆菌和致病性非结核分枝杆菌的传播渠道。

2010 年，在我国南方某市综合医院呼吸内科、儿科候诊室和宾馆 / 饭店空气中分枝杆菌污染状况的小样本量调查结果显示，集中空调送风和风管积尘中分枝杆菌均有检出，详见表 8-10。

表 8-10　公共场所集中空调系统分枝杆菌污染状况

	综合医院候诊室		宾馆饭店
	空调送风	风管积尘	空调送风
结核分枝杆菌阳性率（%）	10.2	7.0	0
分枝杆菌阳性率（%）	26.5	92.9	72.5

对非结核分枝杆菌阳性的样品采用核酸测序、系统发育方法进行分类，发现公共场所集中空调系统送风和风管积尘中存在鸟 - 胞内分枝杆菌复合群（M. avium-intracellulare）、偶然分枝杆菌（M. conceptionense）等致病性非结核分枝杆菌。

4. 流感病毒　流行性感冒病毒（influenza virus）是一种有包膜的单负链 RNA 病毒，有甲（A）、乙（B）、丙（C）三型，引起人类及动物流行性感冒，其中甲型流感病毒是流行最为频繁和引起全球流感流行的重要病原体，乙型流感病毒可引起中小型流行或局部暴发，丙型仅引起散发病例。当流感流行时，在医院候诊室、商场 / 超市、公共交通等候室等人群密集的公共场所室内空气中均会有流感病毒存在,2010 年我国的一个公共场所室内空气中流感病毒阳性率调查结果见表 8-11。

表 8-11　部分公共场所室内空气中流感病毒阳性率(%)

	甲型流感病毒	乙型流感病毒
综合医院候诊室	36.9	44.6
商场超市	29.1	11.8

5. 产毒真菌　根据 2012 年在我国南北方各一个城市共 20 余家公共场所集中空调真菌污染调查结果,在空调送风中的优势真菌类群为枝状枝孢霉(Cladosporium cladosporioides)和聚多曲霉(Aspergillus sydowii),其中曲霉属真菌是引起人群肺部感染的第二大真菌类群,枝孢属真菌是主要引起致敏作用的真菌类群(国家卫生行业公益性科研专项,2010—2013)。

(二)集中空调系统污染的健康危害

1. 军团菌病　1976 年夏,在美国宾夕法尼亚州的费城举行了退伍军人大会。突然在与会者中间发生了不明原因的发热、肺部炎症的疾病,239 人感染,34 人死亡,成为当时轰动美国的事件。2 年后科学家成功分离出病原菌,命名为嗜肺军团菌,这种肺部炎症的疾病因此得名军团病(退伍军人病)。

军团菌病是由军团菌引起的传染病,包括军团病和庞蒂亚克热。庞蒂亚克热是一种急性自限性流感样疾病,军团病常以肺炎为主要表现伴多系统损害的急性呼吸系统传染病,约有 1%~5% 的军团菌感染者会发病,潜伏期 2~20 天,病死率 5%~40%。根据世界卫生组织(WHO)2000 年的资料,全球已发生的 50 多起军团菌病暴发流行案例中 70% 与空调系统污染有关。

2. 军团菌病暴发散发案例　全球范围内,军团菌病的暴发与散发一直持续不断。

2000 年 4 月,澳大利亚维多利亚州墨尔本市水族馆由于温水系统污染,引起军团菌病暴发;水中嗜肺军团菌浓度高达 3000~15 000CFU/ml,造成 125 人感染,95 人住院,4 人死亡。

2005 年 9 月,加拿大多伦多东区的赛文奥克斯老人护理院暴发军团菌病;同年 10 月,维多利亚市郊区一所老人护理院也发生军团菌感染,共导致 135 人感染,23 人死亡,均由集中空调冷却水污染引起。

2012 年元旦期间,中国香港政府办公大楼因水系统污染造成小规模暴发军团菌病,教育署长感染住院;同年 5 月,苏格兰爱丁堡冷却塔引起军团菌病暴发,确诊和疑似病例 40 多人,3 人死亡;6 月欧洲足球锦标赛期间,在波兰一酒店发现军团菌,导致捷克国家队曾拒绝入住;7 月,在英格兰斯塔福德郡发现军团菌病疫情,16人住院,1人死亡;8月,加拿大魁北克省发生社区冷却塔污染引起军团菌病暴发,65人感染,6人死亡。

3. 军团菌病流行情况　美国国家法定传染病监测系统(National Notifiable Diseases Surveillance System, NNDSS)数据显示,美国军团菌病年报告病例数从2000年的1110例增加到了2009年的3522例,十年间增加了217%;粗发病率从2000年的0.39/10万人增加到了2009年的1.15/10万人;2005—2009年的监测病例显示,99.5%的军团菌病例为肺炎型军团病,而仅有0.5%为流感样症状的庞蒂亚克热。2010年美国全年新发军团菌病3346例,且1995~2010年军团菌病例数呈持续增长趋势,如图8-10所示。

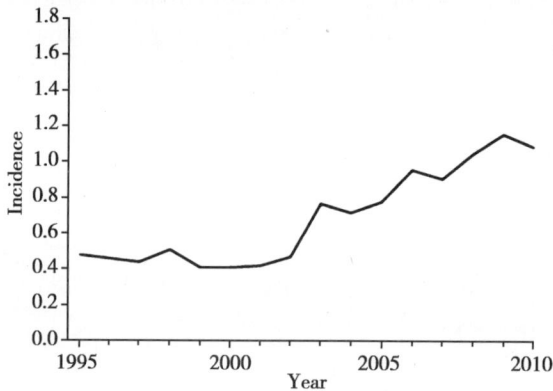

图8-10　美国1995—2010年军团菌病的年发病率(1/10万人)

欧洲军团病监测网络(European Legionnaires' Disease Surveillance Network, ELDSNet)数据显示,2006—2009年,欧洲每年新发军团病6398例、6196例、5157例和6421例,发病率分别为1.35/10万人、1.24/10万人、1.28/10万人和1.02/10万人。2005—2010年,欧洲开展了传染病威胁报告工作,通过多种途径收集传染病发生资料。结果显示,食源和水源性疾病(FWD)的发生呈持续下降趋势,从2005年半年42例下降到了2010年的9例,而环境和动物源性疾病(EVD)从2005年的20例上升到了2010年的44例,2009年最高为114例,这个病例的增高主要是由于军团菌病例的增高,如图8-11所示。

4. 我国情况　我国自1982年在南京首次发现军团病病例以来,一直陆续有所报道。北京、天津、河北、山东、辽宁、哈尔滨、陕西、上海、江苏、福建、浙江、四川、广东、新疆等地均报道过军团菌病例。其中北京市1997年某写字楼暴发军团菌病,污染源为集中空调系统;2000年某新兵训练营发生博杰曼军团菌病暴发,感染率达33%;2003年通州某工厂暴发军团菌病,罹患率为

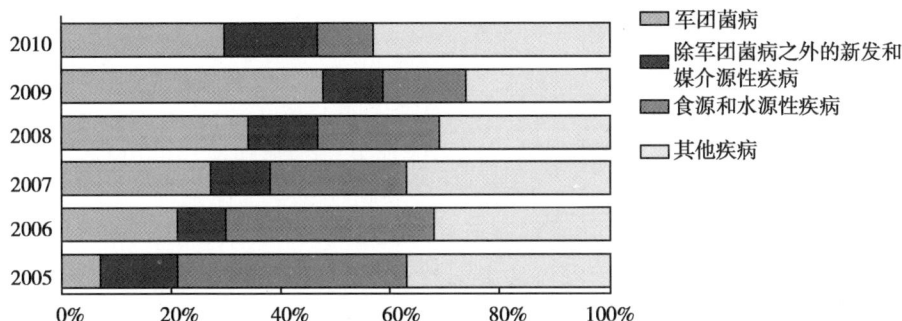

图 8-11　不同疾病病例数在欧洲 CDC 传染病监测中所占比例

13.3%，由淋浴水军团菌污染引起；2005 年发生一起由热水淋浴系统军团菌污染引起的庞蒂亚克热暴发；上海市 12 例重症军团菌肺炎的病死率达 75%（中国呼吸与危重监护杂志，2009）。军团菌病已成为我国亟需面对的重要公共卫生问题之一。

　　不同于美国、欧洲等国家将军团菌病纳入常规监测系统，军团菌病不是我国的法定传染病，且我国尚无军团菌病监测报告系统，军团菌病的发病和患病资料匮乏，发病情况并不清楚。根据目前研究课题的调查数据显示，公共场所从业人员军团菌感染率 3%~5%，医院呼吸道住院病人中军团菌感染 5%（LP1-7IgG 抗体 ELISA 方法检测结果，国家十一五科技支撑项目，2009）；综合医院肺炎病人嗜肺军团菌感染率 26%（LP1-6IgG/IgA/IgM 联合抗体 ELISA 检测结果），嗜肺军团菌尿抗原阳性率 12%（尿抗原双抗体夹心 ELISA 检测结果，国家卫生行业公益性科研专项，2010—2013）。

二、集中空调系统卫生监测与评价技术要点

（一）冷却水嗜肺军团菌检测要点

方法原理：分离培养法，是嗜肺军团菌检验的金标准。

中和消毒剂（影响军团菌活性）：采样前采样瓶内加入 $Na_2S_2O_3$ 溶液（c=0.1mol/L）0.3~0.5ml，中和样品中的氧化物。

样品浓缩（提高检出率）：500ml 水样过滤浓缩后洗脱到 15ml 灭菌水中。

去除杂菌（影响菌落观察）：取洗脱液分别进行酸处理、热处理，另取 1 份洗脱液不处理。

菌落观察和军团菌验证：首先菌落形态观察，再经选择性培养基确认军团菌。

生化及血清学实验：从军团菌中确认嗜肺军团菌，并用诊断血清对嗜肺军团菌分型。

（二）嗜肺军团菌气溶胶检测要点

公共场所集中空调送风中的嗜肺军团菌可直接导致人群感染，因此空气中的嗜肺军团菌是集中空调系统的重要卫生指标。

浓缩采样（提高检出率，保证军团菌活性）：浓缩器与液体冲击式微生物采样器串联进行军团菌采样。浓缩器为虚拟撞击原理，浓缩器入口流量≥100l/min，出口流量与微生物采样器流量匹配，入/出口气流中微生物含量比值为浓缩比（浓缩比≥8）。液体冲击式微生物采样器选择 Biosampler 采样器（捕集效率≥90%），它有 3 个互成 120° 喷嘴，喷嘴在液体上，气流旋转，喷嘴音速，采样流量 Q=7~15L/min。

采样吸收液：GVPC 液体培养基和酵母浸出液两种。

采样体积：每个气溶胶样品采气体积 1~2m^3。

样品分析：分离培养。

（三）送风 PM$_{10}$ 检测要点

方法原理：光散射法（仪器）。

捕集性能：D$_{a50}$=10μm ± 0.5μm，σ$_g$=1.5 ± 0.1。

测量范围：0.001~10mg/m^3。

检测点：位于送风口散流器下风方向 15~20cm。

结果表述：多点多次检测，算术均值。

注意：PM$_{10}$ 包括 PM$_{2.5}$。

（四）送风微生物检测要点

检测指标：细菌总数，真菌总数。

方法原理：撞击式采样、培养法分析。

采样仪器：六级撞击式微生物采样器。

采样：集中空调送风口，采样流量 28.3L/min，采样时间 5~15 分钟。

结果表述：按一个系统全部检测的送风口细菌/真菌总数测定值中的最大值给出。

（五）新风量检测要点

集中空调系统新风量采用风管法测定，即直接在空调新风管上测定新风量。

方法原理：在空调系统处于正常运行条件下，通过测量空调系统新风管某一断面的面积及该断面的平均风速，计算出该断面的新风量；根据空调系统服务区域内的人数，便可得出新风量结果 [m^3/（人·h）]。

测量仪器：热电风速仪，最小读数不＞0.1m/s，测定范围 0.1~10m/s。

测量方法：根据新风管形状、面积布置检测点，因风管断面气流的不均匀性，需要多点测定，取算术均值作为断面平均风速。

（六）风管积尘、微生物检测要点

方法原理：采集风管内表面规定面积的全部积尘，以称重方法得出风管内表面单位面积的积尘量即为空调风管积尘；采用培养法测定积尘中的微生物，即为空调风管内表面的细菌总数和真菌总数。

样品采集：采样方法为机器人采样和手工采样两种，风管积尘样品不论采用机器人还是采用手工采样，采样面积均为 $50cm^2$ 或 $100cm^2$；风管表面微生物采用机器人采样的，采样面积为 $50cm^2$ 或 $100cm^2$，采用手工采样的，采样规格板面积为 $25cm^2$。

采样仪器：定量采样机器人，或采样规格板。

结果表述：风管积尘以 g/m^2 给出，微生物以 CFU/cm^2 给出。

（七）检测技术进展

1. 巢式 PCR（Nested-PCR） 用于环境样品中病原微生物检测。

方法原理：巢式 PCR 是一种变异的聚合酶链反应（PCR），使用两对（而非一对）PCR 引物扩增完整的片段。第一对 PCR 引物扩增片段和普通 PCR 相似，第二对引物为巢式引物，结合在第一次 PCR 产物内部；巢式 PCR 的好处在于扩增的特异性强。

仪器与试剂：PCR 仪，琼脂糖凝胶电泳，凝胶成像系统；基因组 DNA 提取试剂盒，Mip 基因特异性引物（嗜肺），5S 基因特异性引物（非嗜肺），一管便携式反应体系。

应用：测定嗜肺军团菌实例见图 8-12。嗜肺军团菌 I 型标准菌株（ATCC33152）为阳性对照，金黄色葡糖球菌为阴性对照，486bp 产物为嗜肺军团菌。测定甲型流感病毒和鸟胞内分枝杆菌实例分别见图 8-13 和图 8-14（国家卫生行业公益性科研专项，2010—2013）。

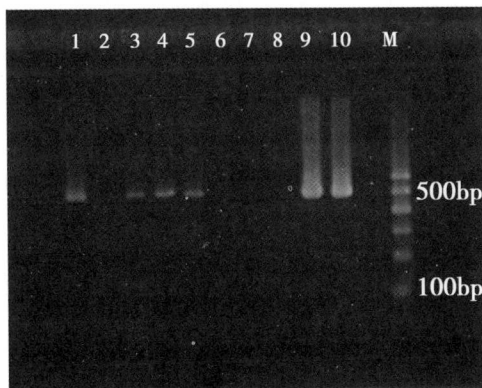

图 8-12 巢式 PCR 方法测定嗜肺军团菌电泳图

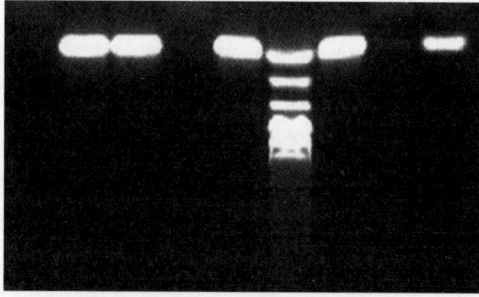

图 8-13　一步法逆转录巢式 PCR 方法测定甲型流感病毒电泳图

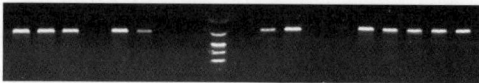

图 8-14　巢式 PCR 方法测定鸟胞内分枝杆菌电泳图

2. 实时荧光定量 PCR（RT-PCR）　用于环境样品中嗜肺军团菌的定量检测，尤其对于空气中军团菌检测是一种有效方法。

方法原理：实时荧光定量 PCR（Real-time PCR）与常规 PCR 相比，具有特异性更强、有效解决 PCR 污染问题、自动化程度高等特点，目前已得到广泛应用。实时荧光定量 PCR 技术是在 PCR 反应体系中加入荧光基团，利用荧光信号积累实时监测整个 PCR 进程，最后通过标准曲线对未知模板进行定量分析的方法。

仪器与试剂：荧光定量 PCR 仪，针对嗜肺军团菌 mip 基因保守序列设计引物和探针并由生物公司合成，构建质粒标准品和反应体系。

方法确认：进行 RT-PCR 方法特异性、灵敏度、重复性实验，并制作标准曲线。

应用实例：2011~2012 年，对我国南北方 4 个城市近百家公共场所集中空调送风中嗜肺军团菌进行 RT-PCR 检测，得出污染水平 10^3~2×10^5CFU/m^3（国家卫生行业公益性科研专项，2010—2013）。

3. 水中 LP1 胶体金免疫层析检测方法　一种水中嗜肺军团菌 LP1 快速检测方法，适用于空调冷却水中嗜肺军团菌污染筛查。

方法原理：胶体金免疫层析法检测水中嗜肺军团菌血清 1 型（LP1）抗原。水样中的 LP1 与着色抗体结合形成复合物后继续向前流动，遇到检测抗体后与之结合，并在结果读取窗口形成红线；游离的胶体金颗粒遇到阳性对照抗体后会在结果读取窗口形成另外一条红线；当结果读取窗口出现两条红线，检测结果为阳性，表示样品中的 LP1 抗原高于检出限。检测板如图 8-15 所示。

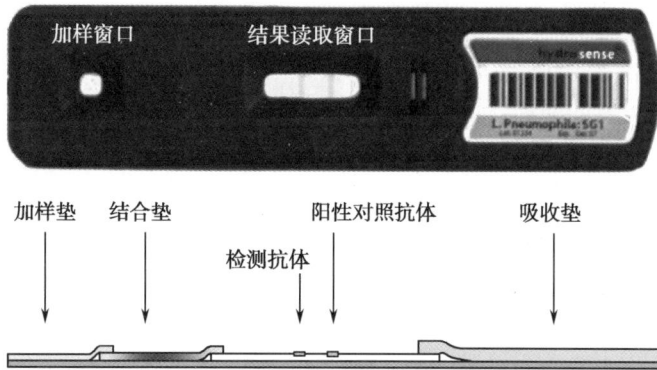

图 8-15　胶体金免疫层析法检测板

样品采集与处理：采集水样品 500ml，经过滤浓缩后检测。

方法特性：以培养法为金标准，免疫层析法的灵敏度、特异度分别为 83%、34%。

应用实例：选取集中空调冷却塔 100 个，每个冷却塔采集两份 500ml 冷却水样品，分别采用培养法和免疫层析法检测。培养法 LP1 阳性率为 65%，免疫层析法 LP1 阳性率为 77%，经卡方检验两种检测方法差异无统计学意义，检测结果见表 8-12。

表 8-12　冷却水中 LP1 的免疫层析法和培养法检测结果

免疫层析法	培养法（标准方法）		合计
	LP1 阳性	LP1 阴性	
阳性	54	23	77
阴性	11	12	23
合计	65	35	100

4. 叠氮溴乙锭 - 定量 PCR（EMA-qPCR）　一种测定环境样品中活的嗜肺军团菌方法。

方法原理：叠氮溴乙锭（EMA）是一种 DNA 分子染料，能够进入具有不完整细胞壁 / 细胞膜的细菌死细胞或受损细胞中，与有机分子共价结合形成共价键，可以抑制死菌 DNA 片段在 PCR 过程中的扩增，克服了普通 PCR 方法无法鉴别微生物死活的问题。

仪器与试剂：500W 卤素灯，荧光定量 PCR 仪，EMA。

方法特性：可抑制 99% 死菌 DNA 片段在 PCR 过程中的扩增，对活菌 PCR 扩增无明显抑制作用。

应用实例:模拟气溶胶样品检测。第一组样品加入固定浓度(10^3 CFU) 死菌,再加入不同浓度的活菌,使活菌与死菌的比值为 1∶1、10∶1、100∶1、1000∶1;第二组样品加入固定浓度(10^4 CFU)活菌,再加入死菌,使死菌与活菌比值在 1∶1~1000∶1;样品用 2.5μg/ml EMA 处理后提取 DNA,进行荧光定量 PCR 检测,结果见图 8-16~ 图 8-17。

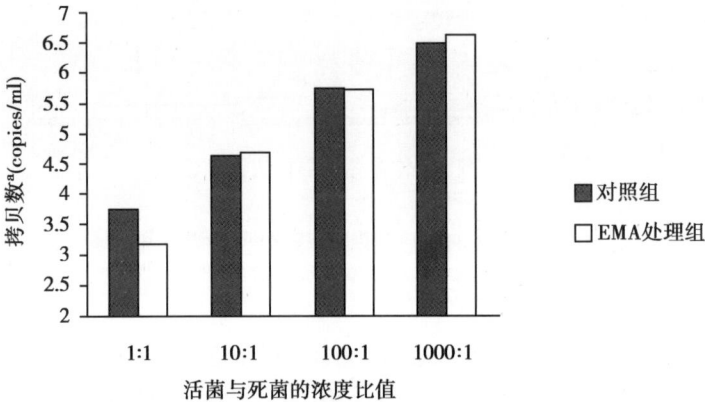

图 8-16 EMA 对不同浓度活菌 PCR 检测的影响

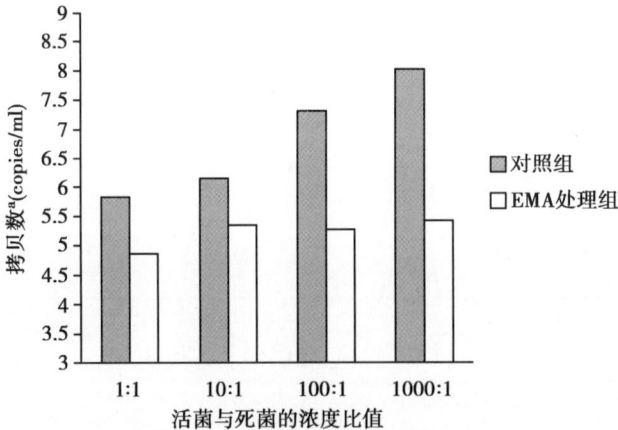

图 8-17 EMA 对不同浓度死菌抑制 PCR 扩增的作用结果

(八)评价技术进展

1. 微生物风险评价介绍 健康风险评价是在特定时间和环境条件下,有害因素对特定人群或生态系统潜在影响的评估过程。健康风险评价根据有害因素类型可分为化学物风险评价(chemical risk assessment)和微生物风险评价(microbial risk assessment)。化学物风险评价的研究起步较早,基本上已经形成系统和成熟的评价方法,微生物风险评价是在化学物风险评价的基础上发展起来。鉴于微生物的特征使得其风险评价更加复杂,具体表现在,一个微生物就具有感染性,微生物可以在宿主和环境介质中繁殖,可以二次传播,微生物通过环境暴露途径感染宿主,传播途径多样,部分微生物引起广泛的有害健康效应谱,剂量-反应关系数据难获得。

评价的数据基础:微生物风险评价按照危害鉴定、暴露评价、剂量-反应关系和风险评估的评价流程,需要四部分的数据作为基础:①从宿主样品中分离出微生物,分析宿主从暴露微生物到感染、发病、死亡的全过程,探讨疾病产生的原因,调查宿主易感性及开展相应的流行病学调查;②明确微生物的时空分布、污染水平、扩散传播模式、生长繁殖特征、毒力和致病机制及所致疾病的病原学特征,分析环境介质的暴露量、人体暴露途径,估算内暴露剂量等;③收集动物模型的剂量-反应关系数据,根据环境中微生物暴露的低剂量特征,进行外推,评价剂量-反应关系函数的拟合优度及适用性;④在暴露评价和剂量-反应关系研究的基础上,定性、半定量或定量预测微生物暴露人群健康风险。

评价模型:剂量-反应关系模型是在微生物动物模型的剂量-反应关系数据的基础上建立的,结合环境暴露水平、人群内暴露剂量、易感性及个体差异、高剂量向低剂量外推等因素,构建基于剂量-反应关系的风险评价模型,常见的剂量-反应关系模型有指数模型和 β 泊松分布模型。蒙特卡罗模拟(Monte Carlo Simulation)是采用不同统计取样技术来提供定量问题近似解决方案的随机模拟方法,模拟过程包括四个步骤:①定义输入参数的统计分布;②从统计分步中随机取样;③使用随机选取的参数系列迭代计算;④分析输出值并建立内暴露水平概率分布曲线。蒙特卡罗模拟技术可应用于风险评价中的暴露评价、剂量-反应关系拟合、不确定性分析和灵敏度分析。

2. 源追踪技术介绍 一种基于基因指纹法分析判断室内空气中嗜肺军团菌来源的技术,常见的有重复序列 PCR(Rep-PCR)、扩增片段长度多态性分析(AFLP)、脉冲场凝胶电泳(PFGE)和核酸序列分子分型(SBT)等方法。

方法原理:扩增片段长度多态性(amplified fragment length polymorphism, AFLP)是一种分子标记技术。是基于 PCR 技术扩增基因组 DNA 限制性片段,基因组 DNA 先用限制性内切酶切割,然后将双链接头连接到 DNA 片段的末端,接头序列和相邻的限制性位点序列,作为引物结合位点。AFLP 扩增可使某一型的军团菌出现特定的 DNA 谱带,而在另一型可能无此谱带产生,这种通过引物诱导及 DNA 扩增后得到的 DNA 多态性可做为一种分子标记,是一种新的而且有很大功能的 DNA 指纹技术。

应用实例:集中空调冷却水、风管积尘、洗浴水、花卉土等不同环境来源

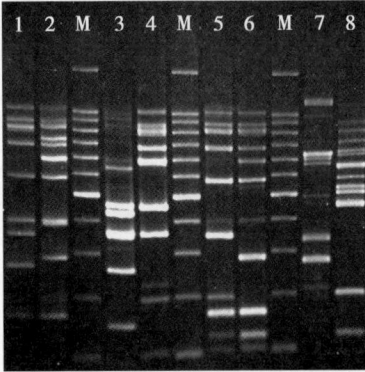

图 8-18 不同环境来源军团菌基因指纹图

的军团菌基因指纹图 8-18（国家卫生行业公益性科研专项，2010—2013）。

三、集中空调系统经常性卫生执法监督要点

公共场所集中空调系统运行期间，健康风险大的环节就是经常性卫生执法监督的重点，即健康风险控制点，主要包括集中空调系统冷却塔、新风口、卫生检测、卫生管理等。

（一）空调冷却塔执法监督要点

1. 冷却塔类型 我国 90% 以上的公共场所集中空调系统为开放式冷却水塔，这种冷却塔的工作原理与内部环境非常适合嗜肺军团菌的生长繁殖，因此空调冷却塔是公共场所嗜肺军团菌的主要来源之一。常见的开放式冷却塔有抽风式逆流塔和抽风式横流塔两种。

2. 冷却塔位置 空调冷却塔的位置会使含有嗜肺军团菌的气溶胶粒子的浓度和扩散范围不同，对给塔周边人群及空调服务区内的公众带来感染军团菌病的风险。

空调冷却塔安装的位置通常有：直接安装在地面上，这种方式塔周边嗜肺军团菌浓度会较高但影响范围小；大部分冷却塔安装在建筑物楼顶（几十米高），影响范围大但浓度会相对较低；还有安装在裙房顶部（5~10m 高），其影响居于上述 2 者之间。

空调冷却塔周边是否存在敏感区（500m 内的居民区、学校、医院、人群密集均属于高风险），人群通道和空调新风口等。

3. 冷却塔集水池 空调冷却塔集水池不应直接暴露于阳光下，否则冷却塔的金属部件会锈蚀产生铁离子，也会生成生物膜，这些都有利于军团菌生长繁殖。

4. 冷却塔补水量 空调冷却塔水会因温度蒸发随气流形成气溶胶扩散到塔周边，因此冷却塔的补水量（蒸发量）应控制在冷却水循环量的 5% 以内，对于补水量大的冷却塔应加装除雾（除水）器。

（二）空调新风口执法监督要点

1. 新风要求 新风直接取自室外，远离污染源。

2. 新风口位置 可设置楼顶、外墙、新风竖井。

3. 新风过滤器 初、中效过滤器定期更换。

4. 存在的主要问题　新风口设在机房内或吊顶内,新风不是来自室外新鲜空气;新风口与排风口距离近,造成气流短路,使污浊的空气重新进入空调系统。

(三)空调系统卫生检测情况

通过查验近期检测报告,确保集中空调系统的新风量、冷却/冷凝水、空调送风、空调风管达到卫生规范的要求。

(四)空调系统卫生管理执法监督要点

场所集中空调系统应具备完整的卫生管理制度、专兼职卫生管理人员、清洗消毒记录、检测报告、维护记录。

四、集中空调系统清洗消毒

(一)清洗消毒规范介绍

卫生行业标准 WS/T 396—2012《公共场所集中空调通风系统清洗消毒规范》2012 年 9 月颁布,2013 年 4 月 1 日实施。规范包括范围、规范性引用文件、术语和定义、清洗技术要求、消毒技术要求、清洗消毒效果及安全措施要求、清洗机构要求共 7 部分正文和 1 个资料性附录"专业清洗机构基本技术要求"。

与 2006 年原卫生部颁布实施的《公共场所集中空调通风系统清洗规范》比较,主要修改在于:名称"清洗规范"修改为"清洗消毒规范",将消毒单独提出,突出空调系统消毒的重要性(名称、章);细化了空调清洗消毒效果的卫生要求,增加了部件清洗效果指标和冷却水消毒效果指标;对于专业清洗机构技术要求,删除了技术能力分级(甲乙级)、甲级工作经历和工程范例要求和专业清洗机构技术评估要求,删除了清洗设备技术要求。

(二)集中空调清洗消毒技术要点

1. 清洗范围　风管清洗范围包括:送风管、回风管和新风管;部件清洗范围包括:空气处理机组的内表面、冷凝水盘、加湿和除湿器、盘管组件、风机、过滤器及室内送回风口等;开放式冷却水塔:集水池等。

2. 风管清洗　使用清洗设备和工具对金属材质内表面风管进行机械清洗,严禁操作人员进入风管内进行人工清洗;风管的清洗工作应分段、分区域进行,并采取有效隔离空气措施保证清洗时风管内污染物不外逸。

3. 部件清洗　采用专用工具、器械对部件进行清洗,部件可直接进行清洗或拆卸后进行清洗,清洗后拆卸的部件应恢复到原来所在位置,可调节部件应恢复到原来的调节位置。

4. 冷却塔清洗　对集水池及相关部位进行清洗,有效去除塔内的沉积物、腐蚀物、藻类、生物膜等污物,使冷却塔内表面及部件湿表面无残留污染物。

5. 消毒　风管消毒可采用化学消毒剂喷雾消毒,金属管壁首选季铵盐类消毒剂,非金属管壁首选过氧化物类消毒剂;冷却水宜采用物理或化学持续消毒方法,当采用化学消毒时首选含氯消毒剂,将消毒剂加入冷却水中,对冷却水和冷却塔同时进行消毒;净化器、风口、空气处理机组、表冷器、加热(湿)器首选季铵盐类消毒剂,采用擦拭或喷雾消毒方法。

6. 清洗消毒效果要求　风管清洗后,风管内表面积尘残留量宜< 1g/m^2,风管内表面细菌总数、真菌总数应< 100CFU/cm^2,部件清洗后,表面细菌总数、真菌总数应< 100CFU/cm^2。

集中空调系统消毒后,其自然菌去除率应> 90%,风管内表面细菌总数、真菌总数应< 100CFU/cm^2,且致病微生物不得检出;冷却水消毒后,其自然菌去除率应> 90%,且嗜肺军团菌等致病微生物不得检出。

7. 清洗消毒效果检测　由培训合格的检验人员检测,主要包括清洗机构内部人员、甲方检验人员和第三方检测机构的技术人员。

8. 清洗机构基本要求　基本要求:独立法人,固定场所,相应技术能力;人员要求:专业配套,培训比例,消毒技术人员;管理体系要求:质量,安全;实验室要求:清洗检测(合格的人员,质量管理体系,检验设备,实验室);消毒检测(评价实验室,微生物检测条件);清洗设备要求:清洗设备,消毒设备。

第九章
电子监管在公共场所卫生执法监督的应用

第一节　电子监管的概念及适用范围

一、物联网的概念及应用

1.概念　通过射频识别（RFID）、红外感应器、全球定位系统、激光扫描器等信息传感设备，按约定的协议，把任何物品与互联网相连接，进行信息交换和通信，以实现智能化识别、定位、跟踪、监控和管理的一种网络概念。

2.应用　就是把感应器嵌入和装备到电网、铁路、桥梁、隧道、公路、建筑、供水系统、大坝、油气管道等各种物体中，然后将"物联网"与现有的互联网整合起来，实现人类社会与物理系统的整合，在这个整合的网络当中，存在能力强大的中心计算机群，能够对整合网络内的人员、机器、设备和基础设施实施实时的管理和控制，在此基础上，人类可以以更加精细和动态的方式管理生产和生活，达到"智慧"状态，提高资源利用率和生产力水平，改善人与自然间的关系。

二、全球信息地理系统的概念及应用

1.概念　它是一种特定的十分重要的空间信息系统。它是在计算机硬、软件系统支持下，对整个或部分地球表层（包括大气层）空间中的有关地理分布数据进行采集、储存、管理、运算、分析、显示和描述的技术系统。

2.应用　地理信息系统在最近的 30 多年内取得了惊人的发展，广泛应用于资源调查、环境评估、灾害预测、国土管理、城市规划、邮电通讯、交通运输、军事公安、水利电力、公共设施管理、农林牧业、统计、商业金融等几乎所有领域。

三、数据采集及传输协议

即网络中(包括互联网)传递、管理信息的一些规范。如同人与人之间相互交流是需要遵循一定的规矩一样,计算机之间的相互通信需要共同遵守一定的规则,这些规则就称为传输协议。

四、电子监管的意义

电子监管的实施将会明显改变卫生执法监督被动、迟缓、后发的传统工作局面,代之以实时、动态、全面、高效、主动的新格局。卫生执法监督系统人员短缺的问题也将得到部分缓解,卫生执法监督发现问题、处置问题的主动性和及时性将明显提高,卫生部门的社会形象也会得到改善。

第二节 电子监管的具体应用(北京市)

(一)布点设置

北京市本着人员密集、保护在校学生、服务中央和市属机关、提升国际形象的原则,监控探头安装在向公众开放的大中型游泳场馆(30个)、服务于市民的小区游泳馆(20个)、大中小学学生和教职员工(20个)、中央和市属机关(10个),共计80个探头。

(二)指标选择

科学选取监测指标:经过专家论证,提出了影响水质的四项重要指标

1. 浊度 最为直接的反映水质的感官性指标,也是游泳者投诉最为集中。能直接反映管理水平和循环过滤设备的能力。控制好浊度能够提升水质感官,增加游泳者的愉悦度,也有效去除水中杂质,提升消毒药物的效能。

2. 余氯 反映池水卫生状况的最为重要的指标,在标准范围内可有效防止发生传染病发生。

3. 氧化还原电位(ORP) 该指标是衡量池水中氧化型消毒剂总量的一个指标,是衡量水质及池水消毒能力的重要指标,建议不低于650mV。启用该指标,将有效解决日常卫生执法监督过程中的最为棘手问题,即各项指标都合格,但池水仍然呈现浑浊这一现象。由于游泳者会给泳池带入油脂、蛋白质、各种护肤化妆品等有机物,上述物质易溶于水,不会被过滤掉,日积月累,会造成池水污浊、产生异味、影响消毒效果。因此,也需要依靠氧化剂将水中的溶解性有机物分解,改善水质。过低的ORP值不能有效分解溶解性有机物。

4. pH值 该指标处于正常范围则能够给消毒药物提供良好的作用环境,

增加游泳者的舒适度。

(三)数据处理及分析

1. 数据平滑处理　系统支持定制数据处理策略,由系统管理员设置参数,以确定满足触发策略所需的条件下的数据处理方案,如:对于尖峰值的处理策略;对于零值点的处理策略;对于异常值的处理策略等。系统还支持事后处理功能,由系统管理员灵活掌握。无论采用哪种数据处理,系统日志都将记载处理事件以备日后数据维护或管理。

2. 设置阈值以剔除异常值　系统支持设置阈值的方式来自动剔除异常值,可采用的策略为预设仪表量程以自动剔除量程以外的值;监测因子数据合法性判断,如湿度值的取值范围等。由于系统通讯协议传输采用 CRC 等校验方式,基本上不存在因传输造成的数据坏值问题,绝大部分坏值都是在仪表端产生。

3. 常用的数值统计功能　包括最大值、最小值、均值、方差等功能。

4. 数据修约功能　具有智能化的数据处理功能,对采集到的原始数据,按照拟定好的数据修约规则、弥补规则进行处理后,形成应用数据库,用于统计查询。

5. 报警处理功能　当监测点监控现场发出数据报警时,能及时收集报警信息,形成报警报表,并在实时发出短消息报警信号,还包括其他各种有效的报警方式。具体包括:GIS 平台上的位置信息闪烁报警,如单位 / 测试点点位闪烁图标;浏览器上的滚动信息报警;声音报警,安装了多媒体的主控平台计算机发出周期性短促的蜂鸣声;短信报警:为每个参控单位指定监理人或单位负责人,设定报警规则后,当某单位发生污染事故时,监理人或单位负责人会立即收到来自监控中心的短信,以便及时做出处理。该功能可以设置为定制形式,即不想收短信时可暂停该功能;或者一部分重点单位时刻开启该功能,其他一般单位视情况启用或关闭该功能。另外,报警短信支持群发。在处理报警时,系统操作员可以立即查看当前的报警单位、测试点、监测因子、报警时间及数值等信息;浏览历史发生的报警信息;为该单位的连续报警数据生成趋势线;打印或输出该单位的连续报警数据;或按日或月份输出全部单位的报警信息。

(四)日常执法监督及预警

1. 一般预警　不合格指标和持续时间一旦达到一般预警的模式,系统会立即将一般预警信号传输给泳池管理者,会提醒经营者在第一时间进行有效处理,属于可控范畴。同时信息也会传输给执法监督员,执法监督员要知晓,可不到达现场进行处理。

2. 风险预警　不合格指标和持续时间达到风险预警的模式,系统会立即将风险预警信号传输给泳池管理者,会提醒经营者在第一时间进行有效处理,属于高风险范畴。同时信息也会传输给执法监督员,执法监督员要到达现场进行相应处理。

3. 系统诊断　当反复出现或长时间存在风险预警,系统会根据数学模型对泳池的设计、设备运转情况和管理状况进行诊断,会提出相应的解决方案。该方案会传输给执法监督员,执法监督员要到达现场开展全面的卫生执法监督工作,并提出整改意见,督促经营者整改落实。该功能能够准确找出由于设备本身老化、循环系统与泳池不匹配的硬件缺陷,必须要通过改造才能解决水质问题的游泳场馆,避免了行政风险。通过系统对每天监控数据的加权计算,能够将四项指标转化为游泳池健康安全指数向社会播报。系统使用初期,工作量会增加,一般预警和风险预警会呈现上升趋势,通过对泳池设备进行改造,提高了整体水平,工作量会趋于稳定,最后会降低,集中在一般预警。

参考文献

1. 郭达志,盛业华,杜培军,等编著. 地理信息系统原理与应用. 北京：中国矿业大学出版社,2002.

2. 于陇德. 卫生应急工作手册. 北京：人民卫生出版社,2005.

3. 中华人民共和国卫生部/编. 卫生监督员培训系列教材,公共场所、化妆品、饮用水卫生监督(2007年版). 北京：法律出版社,2007.

4. 薛广波,主编. 上海市消毒品协会发布. 公共场所消毒技术规范. 第2版. 北京：中国标准出版社,2010.

5. 徐天强. 卫生监督工作指南. 第2版. 上海：上海科学技术出版社,2012.

6. 宋爱菊. 游泳池水尿素检测方法研究探讨. 中国卫生检验杂志,2006,6(16)：756-757.

7. 季力,刘洪,谢洪彬,等. 2006年上海市美容美发场所卫生状况分析. 中国卫生监督杂志,2008,4：279-281.

8. 李平. 大连市美容美发行业卫生状况及检测结果分析. 中国公共卫生,2008,6：742.

9. 闫平男,冷毅,姚元庚,等. 山东省公共场所消毒卫生管理现状与分析. 中国卫生监督杂志,2009,1：50-52.

10. 孔晓波. 物联网概念和演进路径. 电信工程技术与标准化,2009,12：12-14.

11. 王锦,张倩文,孙茂利. 2009年大连市公共场所公用物品消毒现状. 职业与健康,2010,15：1748-1749.

12. 朱小娟,李江华,仇银燕. 游泳池水消毒副产物的研究与控制. 给水排水,2010,36(7)：162-167.

13. 刘凡,张宝莹,潘力军,等. 空调风管内壁积尘中的嗜肺军团菌巢式PCR检测研究. 环境与健康杂志,2010,27(3)：192-194.

14. 金银龙,刘凡,陈连生,等. 集中空调系统嗜肺军团菌扩散传播途径研究. 环境与健康杂志,2010,27(3)：189-191.

15. 刘凡,余淑苑,张宝莹,等. 综合医院分枝杆菌气溶胶采样及巢式PCR检测方法研究. 中国卫生检验杂志,2011,21(9)：2307-2309.

16. 刘凡,余淑苑,张宝莹,等. 综合性医院流感病毒气溶胶采样及检测方法研究. 环境与健康杂志,2011,28(7)：599-601.

17. 刘凡,葛覃兮,张宝莹,等. 国内外军团菌病监测系统及流行现况研究进展. 环境与健康杂志, 2013, 30(5): 459-462.

18. 刘凡,张宝莹,张丽霞,等. 冷却水中嗜肺军团菌的免疫层析和抗原快速检测法. 环境与健康杂志, 2011, 27(11): 995-997.

19. 刘航,刘凡,李莉,等. 公共场所空气中存活嗜肺军团菌叠氮溴乙锭定量 PCR 检测的初步研究. 环境与健康杂志, 2014, 31(4): 283-287.

20. 董淑江,尹艳. 游泳池水中尿素检测方法的改进. 职业与健康, 2015, 31(6): 816-818.